Cocina rápida y completa con el microondas

COLECCIÓN COCINA

Laura Landra - Margherita Landra

COCINA RÁPIDA Y COMPLETA CON EL MICROONDAS

EDITORIAL DE VECCHI, S. A.

Foto cubierta: FIRO-FOTO

Editorial De Vecchi, S. A.
Balmes, 247. 08006 BARCELONA
Depósito legal: B. 1.252-1991
ISBN: 84-315-0619-9
Impreso en España por
GERSA, Industria Gráfica
Tambor del Bruc, 6.
Sant Joan Despí (Barcelona)

Sumario

Introducción, 9

INSTALACIÓN Y CONSEJOS BÁSICOS

Cómo escoger un horno microondas, 13

Modalidades de cocción de los alimentos, 25

Utensilios y accesorios, 27

Qué y cómo cocer en el microondas, 33

Consejos para adaptar las recetas tradicionales, 43

La descongelación y el calentamiento, 45

Últimas novedades, 49

Conclusión, 51

Sugerencias de menús, 57

RECETARIO

Entremeses, 63

Primeros platos, 75

Carnes, 105

Pescados, 123

Huevos, 139

Verduras, 149

Repostería, 167

Fruta, 183

Salsas, 195

Bebidas, 203

Productos congelados 213

Introducción

En todos los campos las nuevas tecnologías han dado pasos gigantescos, creando inventos, aportando variaciones y cambios verdaderamente asombrosos, y resolviendo así auténticos problemas.

También en el mundo de la cocina se ha producido una verdadera revolución, porque gracias a los prodigios de la técnica moderna se han modificado las formas de guisar, resolviendo el problema cotidiano de hacerlo todo al mismo tiempo, rápidamente y bien.

La cocción con el horno de microondas es una nueva forma de cocinar muy indicada para la vida frenética y convulsa de nuestros días, porque permite obtener platos gustosos y variados en escasos minutos exaltando el sabor de los manjares y manteniendo íntegros los principios nutritivos de todos los alimentos. Además permite descongelar y calentar en pocos instantes los platos congelados que cada vez usamos con mayor frecuencia, conservando el aroma y el aspecto de los alimentos frescos.

El horno microondas, aparecido en los Estados Unidos para responder a las exigencias de las familias americanas, actualmente se halla también muy extendido en España. Desde que las firmas europeas han entrado en el mercado internacional, este electrodoméstico es cada vez más apreciado y ha obtenido el favor del público tras superar enormes y enraizados prejuicios derivados de los distintos hábitos alimenticios y de la legítima desconfianza hacia todo lo nuevo y mal conocido.

El horno microondas cuece, calienta y descongela. Simplifica y podríamos decir que hasta hace grato el preparar un menú, cuece sin grasas y además ofrece un amplio campo de aplicaciones como, por ejemplo, el de deshidratar sin secar las flores, que conservan en el color y en el aspecto toda su belleza.

Por sus extraordinarias prestaciones y por los sorprendentes resultados se adapta a las exigencias de todo aquel que tiene siempre mucha prisa pero no se encuentra dispuesto a sacrificar la buena cocina. Por ello puede ser de gran ayuda para la mujer que trabaja y no dispone de tiempo para dedicarlo a los fogones, para el perezoso pero amante de la exquisitez en la mesa y, en general, para todas aquellas situaciones de emergencia, como la llegada de un huésped inesperado, difíciles de afrontar con la corriente cocina de gas.

INSTALACIÓN Y
CONSEJOS PRÁCTICOS

Cómo escoger un horno microondas

Tipos de horno microondas:

de base fija, sobre plato giratorio, en antena giratoria;
horno combinado;
horno con programa electrónico;
horno compacto

El horno microondas es un aparato no excesivamente voluminoso, aunque se fabrique en distintos tamaños; puede hallarse encajado o colocado sobre un soporte y exige siempre una toma de corriente. También existen hornos microondas portátiles, muy adecuados para las vacaciones en roulotte, camping, etc.

Pueden tener una única intensidad de potencia, dos mandos de potencia variable, potencias variables, mando para el descongelado.

13

Algunos hornos tienen la base fija y llevan una rejilla situada a la mitad de su altura que puede eliminarse, otros tienen la base giratoria, o sea un plato que gira sobre su eje y que permite contemplar en cada una de sus partes la cocción, otros van provistos de una antena rotatoria que mueve las microondas mientras el plato permanece quieto.

El horno con el plato rotatorio funciona exclusivamente con microondas y su utilidad es máxima en la descongelación y el calentamiento de los alimentos. Todo ello tiene lugar velozmente con extraordinario ahorro de tiempo. Este tipo es el más indicado para aquellos que consumen con gran frecuencia alimentos congelados y para los que preparan con anticipación platos que luego conservan en el congelador.

El horno con antena rotatoria también puede llevar un grill. Funciona con microondas de rayos infrarrojos, lo que permite gratinar rápidamente los alimentos. En el comercio también encontramos el horno microondas y el horno eléctrico tradicional en una sola pieza, que pueden ser utilizados al mismo tiempo y tienen la ventaja de ocupar menos espacio.

Existen asimismo hornos combinados, aparatos de función múltiple que a la ventaja de poder guisar velozmente unen un horno tradicional, con rayos infrarrojos o con circulación de aire caliente y el grill para completar la cocción de muchos alimentos que, en teoría, no deben ser cocidos al horno.

Con todos estos hornos se pueden cocinar al mismo tiempo distintos platos. Son aparatos muy modernos y que pueden resolver cualquier problema de espacio.

Todos los hornos microondas llevan un pequeño ventilador que distribuye con uniformidad las vibraciones alrededor del alimento, alejándolas de las paredes y concentrándolas sobre lo que se ha de cocer.

El vidrio que se encuentra en la puerta de los hornos de microondas permite controlar desde el exterior el punto de cocción; los mandos, los pulsadores y el cuentaminutos permiten regular el tiempo necesario.

El principio de funcionamiento

El principio en que se basa el funcionamiento del horno microondas es el *magnetrón*, una válvula termoiónica, un dispositivo especial que tiene la propiedad de transformar la energía eléctrica en energía electromagnética, emitiendo ondas electromagnéticas de altísima frecuencia: las microondas. Las moléculas de agua contenidas en los alimentos, al absorber las ondas electromagnéticas entran en rápida oscilación y producen un roce que se transforma en calor. De esta forma la cocción de los alimentos tiene lugar en brevísimo tiempo y de forma gradual, desde el exterior al interior. La parte interna se cuece después por conducción, ya que el calor se difunde calentando únicamente el alimento y no los utensilios empleados ni el aire, como sucede en el caso del horno tradicional. El horno microondas se puede abrir indiferentemente sin que se modifique la temperatura interna, razón por la que no calienta la cocina, y no permite la salida de vapores ni olores. Las microondas tienen tres propiedades: reflexión, penetración y absorción.

En efecto, llegan hasta las paredes del horno y son reflejadas por el metal, atraviesan materiales tales como el papel, la porcelana, el vidrio, el barro y la cerámica, incluso los plásticos, etc., sin perder la mínima energía. Son absorbidas por las moléculas de los alimentos, que en gran parte están formadas por agua, grasas y azúcares que, a causa del roce se calientan mientras los recipientes contenedores no acusan aumento de temperatura.

15

Cómo tiene lugar la cocción

Las microondas constituyen una nueva y genial utilización de la energía eléctrica, que transformada en energía electromagnética por el magnetrón permite cocer los alimentos en ausencia de fuego o llamas y sin que en el horno se produzca calor.

Nos puede parecer una cosa imposible que el horno microondas no genere calor: son las microondas las que en el interior del alimento transforman su energía en calor. El calor que se aprecia es el producido por el alimento mientras cuece, por lo que el contenedor, las paredes del horno y el aire contenido en su interior al término de una cocción aparecen escasamente tibios, debido al calor que la comida ha despedido durante el tiempo de cocción.

El horno microondas es, por lo tanto, un aparato frío, y por ello resulta siempre posible introducir en él las manos sin peligro de quemaduras y ampollas, como fácilmente puede ocurrir en el horno tradicional.

Las microondas reflejadas por la puerta y las paredes metálicas atraviesan los recipientes y llegan hasta los alimentos provocando la oscilación de las moléculas, son absorbidas por el agua contenida en los productos nutritivos y producen una cocción uniforme.

Las microondas, hacen oscilar las moléculas en el interior del alimento y penetran hasta su profundidad; la parte interna se cuece por conducción, porque el calor se difunde rápidamente hasta el interior llevando a término la cocción. Con el horno tradicional, en cambio, los productos sólo son afectados por el calor superficialmente y su parte interna se cuece con mucha mayor lentitud.

Dado que los recipientes contenedores permanecen fríos no es preciso añadir condimentos ni agua; con este revolucionario sistema los platos resultan mucho más ligeros y digeribles. Los microondas aprovechan las grasas que ya se encuentran en alimentos tales como

16

la carne, el pescado, etc., sin el riesgo de que los preparados se quemen o se «peguen» en el fuego. En consecuencia, la cocción mediante el microondas resulta muy sana, porque permite reducir e, incluso, eliminar totalmente los condimentos perjudiciales para nuestra salud, ya bastante agredida por el frenético ritmo de vida de los tiempos actuales tan pródigos en estrés y tensiones.

Los alimentos conservan inalterados sus valores nutritivos, porque no se produce ninguna pérdida de sales ni vitaminas. Su aspecto resulta más fresco, puesto que no han sufrido la agresión del calor.

Este tipo de cocción resulta, por lo tanto, mucho más rápido que el tradicional por la ausencia de un precalentamiento y por la considerable reducción del tiempo de permanencia en el horno.

También los platos previamente preparados y recalentados por este procedimiento pierden poquísima humedad, manteniendo el aspecto de las viandas frescas.

La rapidez de cocción conduce a un considerable ahorro de tiempo (hasta un 90 %) y de energía eléctrica (hasta el 70 %), por lo que resulta mucho más económica.

Ventajas del horno microondas

Rapidez.   Actúa en tiempo brevísimo. Es posible llevar a cocción en él cualquier tipo de alimento, incluso partiendo de un congelado, a una velocidad totalmente increíble con los métodos acostumbrados y habituales.

En ciertos casos, los tiempos de cocción se reducen a una cuarta parte de los tradicionales. Se pueden cocinar en escasos minutos frutas y verduras, carnes, incluso en dimensiones y cantidades considerables; en resumen, una comida completa puede ser preparada en pocos minutos.

17

La rapidez del horno microondas es la ventaja más evidente y se ajusta a la perfección a los actuales sistemas de vida que no permiten permanecer durante largas horas ante el fogón.

Facilidades de uso y versatilidad.   El horno microondas se halla en condiciones de cocer, descongelar y regenerar los alimentos.

Este aparato se acciona mediante dos únicos mandos que regulan la intensidad de potencia y el tiempo de cocción. Se lleva el alimento al horno y se programa la cocción. El cuentaminutos señala con una señal acústica el final de la cocción y al mismo tiempo la detiene.

Práctica.   Con el horno microondas se pueden emplear todos los recipientes contenedores, desde el vidrio a la cerámica, del pirex a la porcelana, desde el cartón a la madera, del papel al mimbre. Se excluyen únicamente los recipientes de cristal o metal.

Ahorro de energía.   La velocidad de cocción hace ahorrar aproximadamente el setenta por ciento del tiempo, en consecuencia, el consumo de energía se reduce en forma proporcional y permite un considerable ahorro en dinero. El gasto energético es aproximadamente la cuarta parte del horno eléctrico tradicional.

Seguridad.   El horno microondas ofrece una seguridad absoluta, porque no puede emitir radiaciones si la puerta se encuentra abierta. La difusión de las microondas se interrumpe al apretar el dispositivo de apertura del horno, que desactiva automáticamente el magnetrón.

En el interior del horno no hay llama y no hay gas, razón por la que no se calienta. La energía de microondas es una energía fría; de esta forma se evitan quemaduras, tan frecuentes en el empleo del horno tradicional.

Las normas de seguridad en la fabricación de los hornos de microondas son extremadamentes rigurosas. Además de las pruebas usuales para la verificación de la seguridad eléctrica del aparato, se efectúan rigurosos controles para evitar la dispersión de las microondas, origen de temores y preocupaciones.

Cocción sin grasas. El horno microondas permite la preparación de una cocina absolutamente exenta de grasas, evitando que los guisos se peguen al fondo de los recipientes. Esto es debido a que los alimentos no se deshidratan, lo que hace que se mantengan intactos el aroma y el gusto natural. Por esta razón resulta muy útil para las personas con problemas de línea o de salud.

Propiedades nutritivas. Los alimentos cocidos en el horno microondas permanecen inalterados, tanto en su aspecto externo como en las características organolépticas. La rapidez de la cocción no permite que se pierdan las vitaminas y sales minerales contenidas especialmente en las frutas y las verduras, al igual que las proteínas de la carne, los huevos y el pescado, que precisan escasísimas cantidades de líquido para su cocción y no pierden sus principios nutritivos.

Higiene y limpieza. En el horno microondas, donde no hay producción de calor, la limpieza es muy sencilla. En efecto, tanto las eventuales salpicaduras de grasa como los residuos o los jugos no se carbonizan en las paredes formando incrustaciones.

Para eliminar las salpicaduras basta con pasar por las paredes de la cavidad de cocción un paño húmedo, enjuagar y secar. No es aconsejable el uso de abrasivos.

Los alimentos con tendencia a salpicar deben recubrirse con servilletas de papel, película transparente o papel parafinado.

Conveniencia. La cocina de microondas tiene también la ventaja de evitarnos la limpieza de cazuelas y utensilios, porque los alimentos pueden cocerse y servirse en el mismo plato. Además, los recipientes estarán menos sucios porque no habrá en ellos residuos ni incrustaciones.

Se ha de tener en cuenta que la descongelación rápida también resulta muy ventajosa. Con un huésped imprevisto permite recurrir a los alimentos congelados con anticipación y poder ofrecer una comida muy agradable sin el sabor ni el aspecto de un plato recalentado.

Sabor inalterado. La rápida cocción de los alimentos en el horno microondas mantiene el aspecto exterior del producto fresco. Las frutas y verduras conservan su brillante colorido, los pescados se mantienen turgentes y con su consistencia habitual, y también las comidas recalentadas presentan el mismo aspecto que las acabadas de preparar.

Los materiales que admite

Casi todos los materiales con los que habitualmente se fabrican las baterías de cocina son aptos para la cocción en el horno microondas exceptuando los de metal que, por su característica de rechazar las microondas impiden la cocción de los alimentos. Tampoco resultan aconsejables los recipientes de cristal, material a base de plomo que también rechaza las microondas y puede romperse fácilmente.

Por lo tanto el metal, aunque se halle presente en cantidad mínima como por ejemplo a modo decorativo o como componente de otro material, actúa como un espejo rechazando y reflejando las microondas e imposibilitando su entrada en los alimentos.

La única excepción: pueden utilizarse los recipientes de aluminio revestido de una sustancia no sólo antiadherente, sino conservadora del calor.

En cuanto a los utensilios, no obstante, se permite elegir dentro de una amplia gama los más adecuados para tiempos y temperaturas distintas, para calentar o cocer los alimentos más variados. Los contenedores más prácticos resultan los de papel o cartón de un solo uso.

Todos los alimentos que no contengan jugos pueden ser calentados en el horno microondas de acuerdo con su volumen y cantidad, recordando, como es obvio, que el tiempo de permanencia debe ser breve, para evitar el peligro de que se quemen los recipientes.

Las servilletas de papel pueden utilizarse para envolver el pan y absorber la humedad durante el tiempo de permanencia en el horno.

Incluso la **madera** y la **paja**, materiales impensables para su empleo lo mismo que el papel en un horno normal, pueden utilizarse en un horno microondas, recordando siempre que el tiempo ha de ser muy breve y la temperatura moderada.

Resultan muy indicados para calentar alimentos secos; se puede apoyar sobre un tajador de madera o en un cestillo de mimbre, los panecillos, el pan a rebanadas, las galletas, los brioches, que pueden aparecer en la mesa del desayuno.

Otros recipientes utilizables en el horno microondas y que luego pueden ser llevados directamente a la mesa son los de vidrio térmico pyrex, la vitrocerámica, la cerámica y el barro o terracota.

El **pyrex**, la **vitrocerámica** y el **vidrio** presentan una doble ventaja: tienen un bonito aspecto y pueden llevarse directamente a la mesa, no se calientan excesivamente durante la cocción y tan sólo se entibian por el calor que le transmite el alimento.

Los recipientes de pyrex, además permiten controlar las fases de la cocción sin abrir el horno y, en consecuencia, sin la dispersión del calor.

Los recipientes de pyrex o cerámica, por lo general se hallan provistos de tapadera, lo que permite una cocción todavía más rápida, evitando la dispersión del vapor (en la práctica, lo mismo que tiene lugar en la olla a presión) y más homogénea y está especialmente indicada para los platos con salsa. No disponiendo de una tapadera adecuada, ésta puede sustituirse por una hoja de papel blanco oleado, bastante pesado (que se sujeta en los bordes mediante un cordel) o con una fina película, pero nunca con papel de estaño o de aluminio por tratarse de metales.

La tapadera que recoge el vapor que se forma en el recipiente siempre debe de ser levantada con un guante de horno para evitar posibles quemaduras.

También las cazuelas de **terracota** o **barro cocido** se prestan perfectamente a este tipo de cocción y están muy indicadas para que las viandas resulten suaves y sabrosas sin necesidad de previos adobos o cocciones excesivamente prolongadas.

En las cazuelas de barro se preparan los estofados, las salsas, los asados y las menestras de verdura.

Casi todos los recipientes de plástico, cada vez más empleados en la cocina, pueden llevarse al horno microondas.

Una buena norma a seguir para comprobar que el recipiente resulta apto es la de observar si lleva la indicación de que puede ser lavado en el lavavajillas.

Se ha de hacer una excepción referente al tipo de plástico llamado *melanina*, que no resulta indicado porque absorbe la energía producida por el microondas, impidiendo así la cocción.

Los alimentos que contienen elevadas cantidades de azúcares o de grasas no deben de cocerse en recipientes de plástico, porque quedarían deformados por el calor que requieren tales alimentos.

En el horno microondas también son utilizables los **saquitos de plástico**. Tras haberles hecho un pequeño orificio resultan un inmejorable contenedor para los alimentos congelados y también para cocer la fruta o la verdura.

Es importante considerar la forma del recipiente en el que se desea tenga lugar la cocción. Por efecto de una sencilla ley física los alimentos cuecen rápidamente en recipientes anchos y bajos, mientras que en los altos y estrechos el tiempo de cocción se prolonga notablemente.

La intensidad del horno, el volumen y la densidad de los alimentos tienen incidencia en el tiempo requerido para la preparación. Los alimentos congelados precisan de un tiempo de cocción más largo en relación con los que se encuentran a temperatura ambiente.

Si la intensidad del horno se mantiene baja, aumentará proporcionalmente el tiempo de cocción y viceversa. Por regla general conviene utilizar la intensidad más elevada al principio de la cocción y la más baja en la segunda fase; la regulación puede efectuarse desde el exterior con el mando adecuado.

Para cada preparación distinta se hará preciso seleccionar los tiempos y las intensidades en función de las características de los alimentos elegidos y de los resultados que se desean obtener.

Modalidades de cocción de los alimentos

A diferencia de lo que ocurre en el horno tradicional, con el horno microondas los alimentos continúan la cocción incluso después de haber sido sacados del aparato; por lo tanto es necesario dejar transcurrir algunos minutos para hacer uniforme y terminar la cocción, que tiene lugar desde el exterior hacia el interior. Este tiempo se llama **tiempo de reposo**.

Por tanto, se aconseja apartar las viandas del horno antes de que termine su cocción, que proseguirá durante algunos minutos aunque el microondas no se halle ya en funcionamiento gracias al calor que han absorbido los alimentos. De esta forma se evitará que los alimentos se cuezan en exceso.

El tiempo de reposo depende de la naturaleza del producto, del peso del mismo y de los distintos tiempos de cocción.

Para obtener la cocción perfecta de cualquier vianda es necesario disponerla con un cierto criterio; las partes más altas deben colocarse en los bordes, porque las microondas inician la cocción del exterior hacia el interior, el centro.

Es muy importante la utilización de recipientes de dimensiones adecuadas al alimento; si es demasiado ancho, el contenedor dejará que el jugo se extienda por el fondo sin permitir que el guiso pueda tomar uniformemente el sabor debido a la rapidez de la cocción.

Para obtener por lo tanto la uniformidad se ha de volver y girar, mezclando el preparado de forma que lo que se encontraba en el borde vaya a parar al centro del recipiente y viceversa. Para esta operación son necesarias una paleta y una cuchara de madera; evitaremos el tenedor para hacer agujeros en la carne desperdiciando el jugo y para arañar el fondo del recipiente. Si no se puede mezclar, resulta conveniente hacer girar el recipiente de forma que la parte situada en la delantera del horno vaya a situarse al fondo, obteniéndose así una cocción uniforme.

Para acelerar el tiempo, abreviar la cocción y favorecer la distribución del calor, casi todos los preparados deberían introducirse en el horno preferentemente tapados; pueden utilizarse las propias coberteras, platos o película transparente, en la que deben de practicarse algunos orificios. El vapor que se forma sobre la cara interna de la tapadera y se condensa vuelve a caer sobre el guiso, que así se calienta de modo mucho más uniforme. Se aconseja el uso de la tapadera para alimentos muy ricos en humedad como las salsas de tomate, los caldos, las sopas, etc. La tapadera resulta muy útil en los procesos de descongelación, que tiene lugar en forma gradual e intermitente, impidiendo que la parte interna permanezca congelada.

Se puede controlar el grado de cocción de un alimento en cualquier momento abriendo el horno, dado que al no calentarse el aparato no puede bloquearse la cocción.

Los alimentos no son todos iguales, por lo que precisan de diversas intensidades de potencia; algunos precisan una atención constante y particular. Éstos son los llamados alimentos delicados: quesos, huevos, cremas, caracoles, setas, menudillos, la sopa de cebolla, etcétera. Se han de respetar escrupulosamente las tablas de los tiempos de cocción para evitar pérdidas de tiempo y de dinero.

Utensilios y accesorios

Accesorios útiles, pero no indispensables:

plato grill	tartera
termómetro-sonda	rejilla para descongelar
rejilla eliminable	micropop
plato giratorio	cafetera
rejilla asado	

Los hornos microondas pueden ir acompañados de utensilios y accesorios, útiles pero no indispensables, que son particulares y específicos de determinadas marcas.

El **plato-grill**, conocido también con el nombre de recipiente para dorar, de fondo especial. Este utensilio permite obtener el dorado superficial de los alimentos, que no puede lograrse de otra forma en el horno microondas.

Se trata de un contenedor de vitrocerámica, cuyo fondo está revestido por una sustancia especial que tiene la propiedad de transformar en calor la energía de las microondas. Tiene funciones análogas a las del grill del horno normal, ya que precalentado al máximo durante algunos minutos adquiere una temperatura muy elevada. El tiempo y el grado de temperatura varían de acuerdo con el tipo de comida y la anchura del recipiente.

El plato-grill puede ofrecer distintas formas y dimensiones. Si el recipiente es ancho será preciso precalentar durante más tiempo. Es preciso untar ligeramente el alimento antes de colocarlo en el plato-grill; así, por ejemplo, un asado ha de ser envuelto en delgadas lonjas de tocino ahumado, panceta o jamón crudo, sujetas mediante un cordelito.

El revestimiento especial del plato-grill absorbe las microondas favoreciendo el dorado de los alimentos, cuyo jugo goteando naturalmente durante la cocción se recoje en el acanalado conveniente.

El plato grill está indicado para el asado de bistecs, costillas, chuletas de ternera, hamburguesas, para tostar quesitos y emparedados, dorar pollos y asados, cocer pinchitos y salchichas y para calentar y hacer crujientes las piezas rebozadas con pan.

El **termómetro-sonda** es un accesorio que únicamente acompaña a ciertos tipos de hornos microondas. Sirve únicamente para conocer la temperatura interna de algunos alimentos, como grandes pedazos de carne, o para calentar líquido a la temperatura deseada.

Con este utensilio se puede controlar el punto de cocción de la carne, tanto si la deseamos cruda, rosada o muy cocida.

El termómetro-sonda se ha de introducir siempre en el centro de la carne cuando aún está cruda, de forma que la aguja no sobresalga más allá de dos centímetros. La punta de la aguja, llamada sensor, no debe estar en contacto con la grasa ni el hueso, porque éstas son las partes que se calientan con mayor rapidez y el termómetro podría proporcionarnos datos erróneos. El termómetro bien introducido en el alimento no debe tocar las paredes ni la puerta del horno durante la cocción.

Cuando la parte interna de la carne alcanza la temperatura programada, el termómetro bloquea el horno y la cocción, manteniendo la carne caliente aproximadamente durante una hora.

El tiempo preestablecido aparecerá en el indicador situado al lado de los mandos. Llegado al final, el termómetro-sonda empezará a descender gradualmente hasta el cero, bloqueándose automáticamente.

Para calentar un líquido a una determinada temperatura, resulta muy difícil de obtener mediante los sistemas tradicionales, el termómetro-sonda es una gran ayuda ya que, con él, se puede programar el grado de calor preciso y obtener el líquido a la temperatura deseada.

El **estante eliminable**, o rejilla metálica, es un utensilio que también aparece únicamente en algunos tipos de horno microondas. Esta rejilla, casi siempre móvil, puede colocarse en la base o a media altura del horno.

Es de utilidad cuando se precise cocer alimentos en dos planos, porque ofrece la posibilidad de cocciones diferenciadas. El alimento situado en la parte superior de la parrilla absorbe dos tercios de la intensidad de potencia, mientras que el del plano inferior únicamente un tercio.

La rejilla puede ser plana o presentar dos curvas que sirven para aprovechar mayor espacio en el interior del horno.

Puede ser empleada en dos posiciones: con la curva hacia la parte superior cuando el recipiente requiere espacio en sentido vertical, o con la curva hacia abajo cuando el contenedor con las mismas características se coloca sobre el fondo.

Hay que recordar que no se ha de dar la vuelta al alimento situado sobe la parrilla, porque éste recibe las microondas también por la parte inferior. La parrilla debe ser siempre eliminada cuando se cueza únicamente un plato.

El **plato giratorio** es un utensilio que acompaña los hornos de base rotatoria. Rodando siempre sobre su eje asegura la perfecta cocción de cualquier alimento.

La **rejilla-asado** es otro accesorio muy útil y está especialmente indicada para la cocción de carnes y embutidos.

Puede tener una doble función: la parte más alta para la cocción de los asados y los grandes pedazos de carne, la parte menos honda para tostar.

Hay otros accesorios especiales que permiten potenciar las prestaciones del horno microondas.

La **rejilla para descongelar** impide el contacto entre los alimentos y los líquidos que poco a poco se van formando en la fase de descongelación. Además, crea una circulación de aire y reduce el tiempo del proceso de descongelación.

La **tortera** es una cazuela de aluminio revestida de una sustancia especial capaz de crear una elevadísima fuente de calor en el interior del recipiente, es muy apta para la cocción de pizzas y tartas.

La **cazuela de barro cocido** está estudiada para las cocciones largas, especialmente de estofados, ragú, etc.

El **micropop** es un fabricante de palomitas, que con un puñado de granos de maíz permite la obtención en tres minutos de innumerables, frescas y crujientes palomitas de maíz.

La **cafetera** en material no metálico puede ser pequeña para preparar el café «a la italiana» o con más capacidad, en cuyo último caso se utiliza un filtro de papel para preparar el llamado café americano.

Qué y cómo cocer en el microondas

Todo tipo de alimentos:	
entremeses	dulces
sofritos	frutas
jugos y salsas	bebidas
menestras	
carnes	*Excluidos:*
pescados	fritos
huevos	huevos con cáscara
verduras	dorados superficiales

Con el horno microondas se puede cocinar todo de una forma perfecta y en un tiempo brevísimo. Sólo es preciso poner en práctica algunas reglas que son la base indispensable para aprovechar en la forma más indicada este nuevo instrumento.

Al principio, su empleo requerirá un poco de paciencia, cuidado y atención, lo mismo que exige la cocina tradicional, pero con la práctica los resultados serán sorprendentes y el menú de cada día será mucho más rápido, sano y variado.

A diferencia del horno clásico, el horno microondas permite la cocción de casi todos los alimentos, a excepción de los fritos, los huevos con cáscara (duros o pasados por agua) y el dorado superficial de los alimentos.

Podremos, por lo tanto, preparar entremeses, sofritos, jugos, salsas, primeros platos, menestras, carnes, volatería, pescados, huevos, verduras, dulces, frutas y distintas bebidas.

Los **entremeses** resultan perfectos en la cocción por microondas; resultan inmejorables los calientes a base de verduras, huevos o queso.

Muchos se pueden preparar y cocer con anticipación, conservar en el frigorífico y calentar en pocos minutos justo antes de servirlos.

Es conveniente el empleo de recipientes bajos y anchos, porque permiten una cocción más rápida, y de una contextura tal que permite llevarlos directamente a la mesa.

Los **sofritos** que hacen más sabrosos los platos, pero que ocupan el estómago durante muchas horas, resultan óptimos con el horno microondas; son muy sabrosos, pero al mismo tiempo más ligeros y digeribles porque exigen escaso condimento que no es absorbido debido a la rapidez de la cocción.

Los **jugos y las salsas** se cuecen perfectamente con el microondas, sin pegarse ni quemarse y no es preciso revolverlos continuamente.

Deben llevarse al horno sin tapar, para que puedan perder la mayor parte del líquido contenido.

Las salsas más delicadas y los jugos a base de tomate requieren solamente al inicio de la cocción una intensidad de potencia elevada, que posteriormente habrá de ser reducida.

Las **menestras** o sopas con caldo en el horno microondas requieren menor cantidad de líquido porque la evaporación durante la cocción es muy escasa. Es conveniente cocer las sopas directamente en la sopera o en los tazones individuales que se han de llevar a la mesa, tapando las más caldosas para evitar salpicaduras.

La sal sólo debe incorporarse al final de la cocción o durante el tiempo de reposo, porque es deshidratante. Para llevar el líquido a ebullición se ha de emplear la intensidad más elevada y pasar a la más baja cuando se añada la pasta o el arroz.

Para la preparación de platos secos como pastas o arroces será preciso utilizar el método tradicional.

Las **carnes cocidas** en el horno microondas exigen poco o ningún condimento, con grandes ventajas para la salud y manteniendo todo su sabor y sus principios nutritivos.

Para conseguir que sean tiernas se han de cocer tapadas; de esta forma se favorece la mejor distribución del calor, evitando una excesiva deshidratación que las haría demasiado correosas.

Con el microondas las carnes sufren menor pérdida de peso que la que se produce durante la cocción tradicional.

Han de ser respetados los tiempos de reposo indicados en las tablas, porque una cocción prolongada endurece la carne.

Siempre se ha de calcular el tiempo de reposo que permite completar la cocción de las partes interiores y además recordar la temperatura a que se encontraba la carne al introducirla en el microondas: si estaba conservada en la nevera o a temperatura ambiente. En el primer caso la duración del proceso habrá de prolongarse algunos minutos más.

Los hornos microondas no producen en la carne una costrita dorada y crujiente como se obtiene en el horno tradicional. Para subsanar este inconveniente se puede, una vez terminada la cocción o durante el tiempo de reposo, apoyarla bajo un grill o recurrir al plato-grill. En este caso será oportuno untar el plato con mantequilla o con una pincelada de aceite. Los que no dispongan de este accesorio pueden obtener el dorado espolvoreando la carne con pimienta, paprika o pan rallado.

Para las carnes es conveniente la utilización de recipientes que contengan exactamente las piezas, añadiendo algo de líquido, para evitar que se retrase la cocción y, por la misma razón es preciso eliminar durante la cocción parte del líquido que se ha desprendido de la carne.

Son desaconsejables los recipientes contenedores de pedazos de carne de gran tamaño, ya que a éstos es preferible apoyarlos directamente sobre la parrilla o reja sin olvidar de colocar en la base del horno un recipiente para que recoja el jugo desprendido, en el cual, y a gusto de cada uno, pueden añadirse verduras hervidas.

Las partes más grasas de la carne deben situarse hacia el fondo, cociéndolas inicialmente con una intensidad elevada para pasar a continuación a una más moderada.

Las carnes siempre deben de hallarse descongeladas, secas y saladas en el último momento.

Para lograr un buen asado es preciso mantenerlas separadas del jugo colocándolas sobre un plato boca abajo, girarlo con una paleta o una cuchara de madera, no pinchar la pieza para evitar la pérdida de los jugos naturales: en este caso se convertirían en secas y correosas.

Para obtener asados más sabrosos es necesario mantenerlos en adobo durante algunas horas o, mejor durante toda la noche, con aceite, vino, hierbas para que se hagan más tiernas y maceren, o bien podemos limitarnos a untarlas con mantequilla u otros condimentos.

El dorado superficial puede obtenerse con el horno tradicional o con el plato-grill.

Los bistecs y las costillitas deben ser cuidadosamente limpiados de las eventuales pielecitas y de la grasa que los rodea, para evitar que se encorven durante la cocción y adquieran un aspecto poco uniforme.

Deben de cocerse en el plato-grill muy precalentado.

Las salchichas y los choricitos deben perforarse en varios puntos para que no revienten durante la cocción.

Los braseados y los estofados resultan más gustosos y tiernos si se cuecen con poquísimo líquido y a intensidad moderada.

Las **aves**, el **conejo** y **la caza** son carnes especialmente aptas para su cocción en el microondas, en el que resultan suaves y tiernas aunque no puedan dorarse. La coloración superficial habrá de obtenerse en el horno tradicional o con el plato-grill.

Es preciso recordar que estas carnes tampoco deben salarse con anterioridad a la cocción; la sal, en efecto, endurece la carne y rompe la piel; además conviene untarlos con escaso condimento. Los muslos y las alas siempre deben atarse con un cordel incoloro y mojado, y las extremidades serán envueltas con papel de estaño, ya que al sobresalir del recipiente resultarían excesivamente cocidas.

Es conveniente separar el papel metálico a media cocción para que todas las partes resulten uniformemente cocidas, disponer los volátiles con el pecho en el fondo del recipiente, escurrir el jugo que desprenden, sobre todo si se trata de ocas o patos; el recipiente durante el tiempo de reposo ha de permanecer cubierto.

Todo los **pescados, crustáceos y demás frutos de mar** pueden hacerse en el horno microondas, salvo si queremos comerlos fritos. El tiempo de cocción para el pescado fresco es de un minuto más que el congelado.

Con el microondas los pescados permanecen suaves y mantienen su sabor natural.

El recipiente, tanto durante el tiempo de cocción como en el de reposo habrá de estar tapado con la correspondiente cobertera, o con una película de papel transparente que se agujereará para permitir la salida del vapor.

Los filetes de pescado pueden cocerse apenas sacados del saquito y todavía congelados, mientras que los pescados enteros requieren la descongelación para poder ser limpiados antes de la cocción.

Los pescados deben ser colocados de forma que las partes más duras para cocerse se encuentren próximas al borde del recipiente y las más tiernas en el centro.

Los **huevos** son un alimento que requiere una delicada cocción. Los huevos con la cáscara no pueden introducirse en el horno microondas, porque la cocción provocaría su rotura; por lo tanto, nada de huevos duros ni *a la coque*, o pasados por agua.

Con el microondas, en cambio, se pueden preparar los huevos al plato, en camisa, revueltos, en tortilla y en crêpes.

El tiempo de cocción, que es extraordinariamente más rápido que con el sistema clásico, depende del tamaño y de la temperatura de los huevos, es decir, si se han conservado en el frigorífico o a la temperatura ambiente. No se deben cocer al mismo tiempo huevos que se encontraban a distintas temperaturas.

La yema, por ser más grasa que la clara se cuece más rápidamente por lo que se hace necesario practicar a la yema unos agujeritos con un palillo para evitar que estalle; este procedimiento se habrá de emplear para cocer los huevos al plato, a la mantequilla o en camisa.

También para los huevos la cocción acabará durante el tiempo de reposo.

Las **verduras**, con el sistema del microondas mantienen intactas sus propiedades alimenticias y sus vitaminas; precisan de muy escasa agua, porque las microondas emplean la que naturalmente contienen las hortalizas. De esta forma resultan mucho más sabrosas y con un brillante colorido, precisamente por lo rápido de la cocción.

La sal se añadirá justo en el último momento, inmediatamente antes de servirlas para evitar que se sequen en exceso. Por esta misma razón conviene tapar el recipiente para que el vapor que se condensa en la tapadera vuelva a caer en el interior, lo que también acelera la cocción.

Las verduras congeladas y a continuación descongeladas no precisan la menor cantidad de agua, y para cocerse emplean el mismo tiempo que las verduras frescas.

Las verduras ricas en fibras como las zanahorias, alcachofas, apio, precisan mayor cantidad de líquido para lograr se hagan tiernas y suaves.

Se han de pinchar las verduras con piel, como los calabacines, berenjenas, patatas, pimientos, tomates, cebollas, etc., para evitar que se rompan. Las patatas con piel se cuecen antes que las peladas.

Para obtener una cocción uniforme, los pedazos de verdura han de cortarse todos del mismo grosor. Cuando las verduras son de distintas clases hay que colocar junto a los bordes del recipiente las más duras y las otras en el interior, recordando que siempre ha de dejarse vacía la parte central para obtener una cocción más rápida.

Todas las verduras frescas precisan una intensidad elevada. Con el horno microondas pueden realizarse exquisitos pasteles de verdura en breve espacio de tiempo.

Los **budines y las cremas** con el microondas cuecen de una manera uniforme; no precisa mezclar y no existe el peligro de que se agarren al fondo del recipiente. Basta con girar el recipiente a mitad de cocción.

Las tortas que salen del horno microondas no están doradas en su superficie. Para subsanar este inconveniente, una vez que se han sacado del horno pueden espolvorearse con azúcar de lustre o cacao, o bien recubrirlas con crema, nata o mermelada. También puede obtenerse la coloración untando con mantequilla el fondo de la tartera y espolvoreándola con galletas finamente trituradas antes de verter en el recipiente la pasta que ha de cocerse.

Es aconsejable saborear las tartas hechas con el microondas pocas horas después, porque tienen tendencia a secarse y endurecerse al cabo de cierto tiempo.

Los moldes de corona dan excelentes resultados.

Las tortas descongeladas vuelven a tener el mismo sabor que las recién preparadas.

Cualquier clase de **fruta** queda cocida en brevísimo espacio de tiempo sin necesidad de añadir agua. De esta forma se conservan las vitaminas, el sabor y el gusto natural. Además el color de la fruta permanece inalterado.

La fruta puede llevarse al horno entera o a pedazos; en este último caso es conveniente que todos ellos sean del mismo tamaño, única forma de lograr una cocción uniforme. Es también conveniente disponerlos en el recipiente formando corona y no en el centro, dejando cierto espacio entre uno y otro pedazo.

Las **bebidas** que pueden prepararse en el horno microondas son muy numerosas: té, chocolate, manzanilla, tisanas, etc. Además pueden escaldarse en muy pocos segundos las preparadas por el método tradicional sin que se altere el color ni el sabor.

El tiempo de permanencia en el horno depende de la temperatura inicial del líquido empleado, del tipo del recipiente y del número de recipientes que al mismo tiempo se hayan llevado al horno. Para un recipiente ligero la calefacción del líquido será muy rápida, mientras que varios recipientes exigirán mayor tiempo. Conviene recordar que los contenedores del líquido se han de disponer en círculo dejando en el centro un espacio vacío.

Para hacer café, té o manzanilla es aconsejable usar agua previamente calentada, eligiendo recipientes individuales para abreviar el tiempo.

También los biberones de los niños se pueden calentar en forma higiénica y veloz en el horno microondas; bastarán unos treinta segundos.

El sistema de microondas se muestra muy práctico cuando tengamos que satisfacer la voluntad de diferentes huéspedes. Las bebidas pueden prepararse y escaldar en los vasos o en las tazas que se llevarán directamente a la mesa.

Consejos para adaptar las recetas tradicionales

Casi todas las recetas que pueden realizarse en el horno tradicional pueden llevarse a buen término en el horno microondas, utilizando todas sus ventajas y aprovechando las características de su empleo. Para obtener los mejores resultados es conveniente tener presentes algunos consejos útiles.

El tiempo de cocción de los alimentos ha de ser, claramente, inferior al usual, ya que el horno microondas reduce de un cincuenta a un setenta por ciento el citado tiempo de cocción. Cuando se es todavía inexperto es conveniente controlar atentamente lo que se está horneando para no estropear la comida.

Apartar del horno los platos antes de que estén totalmente cocidos, porque el proceso se prolonga durante cierto tiempo tras haberlos sacado del aparato. Esperar que acabe el tiempo de reposo durante el cual se completa la cocción desde la parte externa hacia el interior.

Utilizar una cantidad de líquido inferior al que se indica en las recetas para el horno tradicional, porque la cocción tiene lugar en tiempo más breve. La regla general es reducir los líquidos en una cuarta parte; usar tres cuartos de lo usual.

Desmenuzar o eliminar las grasas. Las microondas aprovechan las contenidas en los alimentos.

Reducir el uso de las hierbas aromáticas y las especias, ya que el microondas exalta los aromas y corremos el peligro de que el plato resulte excesivamente perfumado.

Salar los alimentos únicamente al final de la cocción o durante el tiempo de reposo para evitar la deshidratación, fenómeno que resulta acelerado en el horno microondas. Disminuir considerablemente la cantidad de sal, porque el sistema de microondas impide la dispersión de las sales minerales.

Emplear recipientes provistos de tapadera o recubrir el recipiente con papel parafinado o película transparente, pero jamás con hoja de papel de estaño o aluminio que no permiten la penetración de las microondas. Empleando la tapadera aún se reduce más el tiempo de cocción, los aromas resultan más exaltados y se evitan las salpicaduras en las paredes del horno.

Girar de vez en cuando el recipiente para obtener una cocción uniforme, revolver de vez en cuando la comida únicamente con piezas de madera o plástico, jamás metálicas. Este cuidado no es preciso si se utiliza el horno con plato giratorio.

Pinchar los productos cuya superficie pudiera romperse o abrirse durante la cocción como los huevos, salchichas, patatas, etc.

Completar la cocción de los alimentos por el sistema tradicional cuando éstos requieran una superficie dorada.

No usar nunca el horno microondas vacío. Para comprobar su buen funcionamiento introduzca por lo menos un vaso de agua, que absorberá las microondas emitidas durante la prueba.

Limpiar las paredes del horno después de haberlo utilizado. La puerta debe permanecer siempre cerrada.

La descongelación
y el calentamiento

El descongelado de los alimentos en el horno microondas presenta acusadas ventajas respecto a la misma operación efectuada de acuerdo con los sistemas tradicionales. En efecto, el descongelar los alimentos apenas salidos del congelador resulta una operación muy lenta. ¡Cuántas veces nos olvidamos de sacarlos a su debido tiempo! Algunos alimentos durante esta fase sufren alteraciones, corriendo el peligro de ser atacados por las bacterias y perdiendo gran parte de su jugo.

En cambio, con el horno microondas, la descongelación resulta casi inmediata, se reduce a poquísimos minutos; por eso se evita la pérdida de los principios nutritivos, de las vitaminas y las sales minerales. Para las verduras, el tiempo de descongelación incluye ya el tiempo de cocción.

Aun respetando las instrucciones relativas a cada tipo de horno, para obtener los mejores resultados es conveniente practicar el procedimiento a intermitencias. Después de haber introducido el congelado, es preciso encender y apagar el horno a intervalos regulares durante el tiempo necesario, que ya viene indicado en las tablas, para llegar a la descongelación. Algunos aparatos ya van provistos de un mando alterno; en caso contrario será preciso encender y apagar el horno a mano.

El cambio alterno de la intensidad de las microondas hace que el alimento se descongele gradualmente también en su parte interna.

Tras el tiempo de descongelación se precisa un período de reposo, con el horno apagado, para completar la operación. Cada producto alimenticio tiene necesidad de tiempos distintos, de acuerdo con su forma, peso y volumen.

Para la descongelación también es preciso atenerse a unas cuantas reglas fundamentales.

Los alimentos recubiertos de papel oleoso o papel vegetal se descongelan más rápidamente y conservan la humedad.

El tiempo necesario para la descongelación depende de la calidad, del peso y del volumen del alimento. Los alimentos no excesivamente densos y que contienen líquidos se descongelan con mayor facilidad que los restantes. Podemos obervarlo en el caso del pan, los brioches, la fruta y la verdura. Las microondas penetran en su masa con mayor facilidad.

La volatería debe descongelarse por sus cuatro costados durante el mismo tiempo; si es entero es aconsejable descongelarlo totalmente antes de cocerlo. Para evitar que se inicie la cocción durante la fase de descongelación se han de proteger las partes prominentes, como las alas y las patas, con una hoja de papel de aluminio mientras dura la operación. El papel metálico impide el paso de las microondas y la parte final de la descongelación tendrá lugar por conducción del calor.

Para los bistecs, escalopas y carnes cortadas, tras la primera fase de descongelación es aconsejable empezar a separar los pedacitos para acelerar y facilitar el proceso. Las partes ya descongeladas pueden apartarse ya del horno.

46

Las verduras congeladas siguen idénticos procedimientos que las verduras frescas: ricas en líquidos se descongelan rápidamente.

Los platos precocinados congelados que se adquieren en recipientes de aluminio, han de traspasarse a recipientes no metálicos antes de la descongelación.

Calentado en el horno microondas

El horno microondas es ideal para calentar y recalentar los alimentos.

Para aprovechar al máximo las propiedades de este sistema de cocción puede aprovechar anticipadamente grandes cantidades de alimentos, que luego basta recalentar cuando convenga en la cantidad precisa o deseada. Dispondremos así de una comida en breve tiempo. En escasos minutos puede calentarse un menú completo sin el temor a que adquiera un ingrato sabor.

Los platos ya cocinados, recalentados en el horno microondas no tienen el sabor de las comidas «atrasadas», porque perdiendo muy poca humedad se presentan con el aspecto y sabor de los guisos recién preparados.

Los alimentos que contienen elevadas dosis de grasas o azúcares tienen un tiempo de recalentamiento muy rápido, porque poseen mayor capacidad de absorción.

Los alimentos de los niños, una ración de papilla, se pueden calentar en pocos minutos en forma higiénica y rápida.

Si se trata de recalentar grandes cantidades, se han de mezclar con una cuchara de madera o de plástico para acelerar el proceso de recalentamiento.

Últimas novedades

Cada vez oímos hablar más del horno microondas, nos lo presentan con la mayor insistencia y las mejores alabanzas.

En estos aparatos han surgido numerosas innovaciones, que los han convertido en mucho más sofisticados.

Los hornos **multifunción**, también llamados combinados, reúnen otras muchas funciones. En efecto, combinan la cocción por microondas con la tradicional mediante rayos infrarrojos o con circulación de aire caliente y el grill. Uno de los últimos modelos aparecidos en el mercado alcanza en sólo cuatro minutos la temperatura de 200° C.

Estos hornos se pueden utilizar separadamente o en combinación. Permiten la realización de cualquier receta, resolviendo también la fase del dorado superficial que no puede efectuarse en los hornos microondas normales.

Además, la rapidez de la cocción del horno microondas, totalmente inadecuada para la preparación de dulces, pizzas y productos que contengan levadura, se resuelve perfectamente en los combinados que han eliminado totalmente este inconveniente.

Ahora están apareciendo en el mercado microondas que disponen de distintos planos de cocción.

Los hornos con **programado electrónico** pueden considerarse uno de los adelantos más logrados del momento. Estos aparatos se encuentran dotados de un programa electrónico de las recetas preparado mediante fichas, de tiempos de cocción, sonda termométrica para el control de la temperatura interna del alimento.

Los **mini**, hornos de menor tamaño, más eficientes y mucho más económicos son de destacar entre las últimas novedades.

Los hornos **compactos** son aparatos proyectados para resolver los múltiples problemas de espacio; pueden ser montados en el interior de una estantería o colocarse debajo de ella.

Conclusión

La finalidad de este libro es la de informar con sencillez y claridad sobre el nuevo y revolucionario modo de cocinar con el auxilio del horno microondas, gracias al cual incluso los sistemas de cocción entran a formar parte de las más refinadas tecnologías del futuro.

Su práctico uso y la rapidez lo han convertido en un accesorio indispensable en una cocina moderna, porque reduce de forma notable los tiempos de cocción, conservando el sabor y las propiedades de todos los alimentos.

Los consejos y las advertencias están dirigidos especialmente a aquellos que por primera vez se enfrentan con esta experiencia. Ateniéndose escrupulosamente a las sugerencias se logrará obtener el máximo rendimiento de este prodigio técnico, apreciando su funcionalidad y sintiéndose animado a convertirse en un devoto de la cocción por ondas rápidas, que no sólo se hallan en condiciones de cocer sino, como ya hemos visto, también de descongelar los alimentos.

A través de las prestaciones del horno microondas se realizará el sueño de las mujeres que desean guisar bien, en pocos minutos, con las ventajas de ahorrar tiempo, energía y esfuerzo. Este aparato contribuirá a liberar de la tiranía del reloj, que marca inexorablemente todos los momentos del día, a la mujer moderna que tiene que enfrentarse con múltiples obligaciones.

Tabla de descongelación

Alimento	Peso (g)	Tiempo (minutos)
Bistec, filete	150	4
Bistec, pieza	1.000	10
Buey para asado	1.500	40
Buey, carne picada	750	5
Buey, chuleta	250	10
Buey, filete	2.000	20
Buey (roast-beef)	2.000	20
Cerdo, chuleta	750	8
Cerdo, paletilla	1.500	20
Cerdo, lomo	500	8
Conejo entero	1.500	25
Conejo despiezado	1.500	15
Conejo, 2 muslos	500	8
Cordero, pierna	1.500	25
Cordero, costillitas	1.500	20
Hígado	500	5
Lengua	500	15
Riñón	1.000	8
Ternera, para asado	1.500	10-15
Ternera, chuletas	1.000	8
Ternera, costillas	500	4
Ternera, escalopas	500	5
Pollo entero	1.500	20
Pollo troceado	1.500	15
Pollo, 2 muslos	500	8
Pollo, 4 pechugas	500	10
Pollo, higadillos	250	4
Pescado entero	1.000	12
Pescado en filetes	500	8
Pescado en rodajas	500	10
Verduras mixtas cortadas[1]	1.000	12
Alcachofas, corazones	300	6

1. Para las verduras, el tiempo de descongelación incluye también el tiempo de cocción.

Tabla de descongelación

Alimento	Peso (g)	Tiempo (minutos)
Coles de Bruselas	300	8
Coliflor en ramitos	300	9
Espárragos	300	10
Espinacas	300	10
Guisantes	300	8
Judías verdes	300	20
Zanahorias	300	10

Tabla de cocción de las verduras

Verdura	Peso (g)	Tiempo (minutos)
Apio	500	8-10
Berenjena a dados	500	8
Broquil fresco	500	7-10
— congelado	500	7-8
Calabacín a rodajas	500	5-6
— congelado	500	6-8
Calabaza a pedacitos	500	10
Coles de Bruselas	500	5
— congeladas	500	4
Coliflor	500	10
Espárragos frescos	500	8-10
— congelados	500	7-8
Espinacas frescas	500	3-4
— congeladas	500	3
Guisantes frescos	500	10
— congelados	500	7-8
Judías tiernas frescas	500	12-14
— congeladas	500	7-8
Setas frescas troceadas	500	3-4
Patatas troceadas	500	8
Zanahorias a rodajas	500	5-6
— congeladas	500	6-8

Tabla de cocción de las aves

Aves	Peso (g)	Tiempo (minutos)
Gallina entera	1.000	15
Faisán	1.000	20
Oca	3.000	60
Pato entero	1.500	25
Pavo entero	3.000	30
Pavo, muslo	500	11
Pollo troceado	1.000	8
— un ala	150	4
— un muslo o una pechuga	180	4-5
— tres pedazos	450	10-11
— entero	1.000	15

Tabla de cocción del pescado

Pescado	Peso (g)	Tiempo (minutos)
Gambas y análogos	250	5
Pescados marinos enteros (dentón, dorada, escorpina)	500	8
Lenguado, salmonete, bacalao, pez espada en rodajas	500	4-5

Tabla de cocción de las carnes

Corte	Peso (g)	Tiempo (minutos)
Cordero pierna para asado	500	10-11
Cordero, costillitas	500	5
Cordero deshuesado	500	9-10
Filete en pieza	1.000	12
Solomillo deshuesado	500	12-13
	500	8-10
Chuleta de buey	1.000	12-13
	1.000-2.000	12-20
Jamón con hueso	500	9
Jamón en conserva	500	8
	500	10-11
Jamón deshuesado	1.000	18
Ternera con hueso	1.000	20-22
Ternera deshuesada	500	15

Tabla de cocción de la fruta

Fruta	Peso (g)	Tiempo (minutos)
Albaricoques frescos	500	5
— secos remojados	500	7
Ciruelas frescas	500	6
— secas	500	7
Manzanas enteras	500	6
— troceadas	500	4
Melocotones frescos	500	6
— troceados	500	5
Peras frescas	500	6
— troceadas	500	4
Plátanos	500	1,30
Ruibarbos troceados	500	5

Sugerencias de menús

El horno microondas permite la realización de unos menús comple-
tos y exquisitos. Bastará con un tiempo muy breve para obtener resultados muy sabrosos, sanos y de grata presentación.

Se pueden elaborar menús a la medida, de acuerdo con las exigencias de cada uno. Daremos a continuación algunos ejemplos que,
obviamente, son susceptibles de adaptación basándose en las necesi-
dades y los gustos de cada persona.

PARA QUIEN TIENE PRISA

Ensalada tibia de cangrejos a las finas hierbas
Macarrones con setas
Cabrito al mirto
Piña flambé

PARA LOS QUE TIENEN
ALGÚN KILO DE MÁS

Tostadas de espinacas a la almendra
Bucatini dietéticos de verdura
Babilla de ternera al limón
Crema de limón

Cocktail perfumado
Pennette al calabacín
Pechuga de pollo con alcachofas
Hinojo al tomillo
Delicia flambé

PARA LOS QUE AMAN EL MAR

Sopa de mariscos a la albahaca
Espaguetis con almejas
Sepia en salsa de jengibre
Calabacines en leche
Delicia de otoño

PARA LOS VEGETARIANOS

Tomates rellenos
Crema de patatas y zanahorias
Cazuela de berenjena y calabacín
Crema a la vainilla

PARA UNA SOLA PERSONA

Tostadas de pescado
Pistones con espinacas
Rodaja de pez espada a la pimienta roja y ensalada
Peras al vino

Fondos de alcachofa al queso
Arroz al curry
Filete a la menta
Carcadé a la fresa

PARA REFINADOS... APRESURADOS

Canelones de salmón con mozzarella
Tostadas de bazo
Champiñones a la ruca
Cerezas al Oporto

RECETARIO

Entremeses

Utilizando el horno microondas se pueden preparar exquisitos entremeses calientes.

Los mejores *hors d'oeuvre* son a base de verdura, pero también resultan muy apetitosos los preparados con huevos o queso.

Los recipientes anchos y bajos son los más indicados para la cocción de los entremeses en microondas. En algunos casos puede ser utilizada directamente la bandeja de servicio.

NOTA: Todas las recetas de este recetario están calculadas para cuatro personas.

Canelones de salmón
y queso de Burgos

Cocción: 1 minuto
Reposo: 1 minuto

Calorías por persona: 200
Recipiente aconsejado: bandeja

salmón ahumado, 4 lonchas no demasiado gruesas;
queso de Burgos, 80 g;
perejil picado, 1 cucharada;
mantequilla, una nuez pequeña.

Córtese el queso de Burgos a daditos.

Disponer sobre cada loncha de salmón el queso a cuadritos, espolvorear con el perejil picado, enrollarlo y cortar por la mitad.

En la bandeja, ligeramente untada con mantequilla se disponen los canelones de salmón en forma de corona, se llevan al horno microondas durante un minuto antes de servirlos.

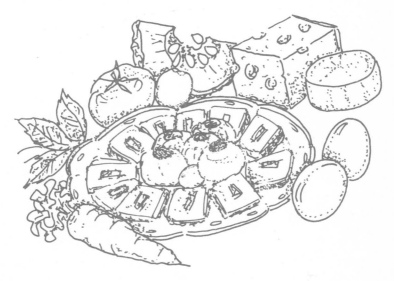

Champiñones a la ruca

Cocción: 2 minutos
Reposo: 1 minuto

Calorías por persona: 200
Recipiente aconsejado: bandeja

champiñones, 250 g;
aceite extravirgen de oliva, 30 g;
ruca, un ramito;
sal y pimienta.

Limpiar las setas y cortarlas en finísimas láminas. Colocarlas en una bandeja rociándolas con el aceite extravirgen de oliva, tapar el recipiente y llevarlo al microondas durante dos minutos.

Destapar, salar ligeramente y dejar reposar un minuto.

Servir tras haber recubierto los champiñones con la ruca cortada a tiritas finas, tipo juliana.

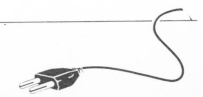

Tostadas de bazo

Cocción: 1 minuto
Reposo: 1 minuto

Calorías por persona: 150
Recipiente aconsejado: ninguno

bazo, 300 g;
mantequilla, 50 g;
una cebolla;
pulpa de tomate, media cucharada;
una hoja de laurel;
pan inglés, cuatro rebanadas.

En una sartén se funde la mantequilla y se le añade la cebolla cortada en gajos muy delgados y el bazo a pedacitos. Se añade la hoja de laurel y se deja cocer a fuego muy bajo de siete a ocho minutos.

Se sala poquísimo, se añade la pulpa del tomate y se quita la hoja de laurel.

Se pasa todo por el batidor eléctrico hasta que se obtiene una crema lisa y homogénea. Se extiende la crema sobre las rebanadas de pan y se llevan al microondas durante un minuto, dejándolas reposar otro minuto más antes de servirlas.

Tostadas ahiladas

Cocción: 2 minutos
Reposo: 1 minuto

Calorías por persona: 100
Recipiente aconsejado: bandeja

espinacas lavadas y limpias, 120 g.
mantequilla, 30 g;
cangrejos cocidos, 100 g;
una escaloña;
queso en «sabanita», 4 lonchas;
sal y pimienta;
pan inglés, cuatro rebanadas.

En una cazuela no excesivamente grande se mezclan las espinacas con la escaloña, la mantequilla y la sal; se mezclan bien y se dejan cocer durante algunos minutos.

Se elimina la escaloña y se pasa por el batidor eléctrico. Se extiende la pasta obtenida sobre el pan, al que habremos quitado la corteza y dividido en triángulos.

Se colocan sobre cada triángulo los cangrejos, se cubren con las lonchas de queso, también cortado en triángulo.

Se lleva al microondas directamente sobre la bandeja en que vayamos a servirlos y se dejan cocer durante dos minutos. Se sirven inmediatamente, tras un minuto de reposo.

Tostadas al perfume de trufa

Cocción: 2 min 30 seg **Calorías por persona: 250**
Reposo: 1 minuto **Recipiente aconsejado: bandeja rectangular**

pan redondo (mejor seco), 2 rebanadas;
queso blando, 4 cortes;
dos huevos;
leche, 250 g;
mantequilla, 30 g;
un tubo pequeño de pasta de trufa;
sal y pimienta.

Llevar al horno la bandeja con la mantequilla a pedacitos y mantener la mayor intensidad durante treinta segundos.

Pasar rápidamente las rebanadas de pan por la mantequilla fundida y distribuir uniformemente por la bandeja la restante mantequilla. Cortar las rebanadas de pan en tres partes, tras haberlas untado con la pasta de trufa, y ponerlas una junto a otra en la bandeja; colocar sobre cada pedazo algo de queso en tiritas.

En un recipiente aparte batir los huevos y la leche, la sal y la pimienta y verter el contenido sobre las rebanadas de pan.

Dejar cocer, siempre a la máxima intensidad durante dos minutos. Dejar reposar tres minutos y servir separando una tostada de la otra.

Ensalada tibia de pollo
a las hierbas

Cocción: 1 minuto
Reposo: 1 minuto

Calorías por persona: 150
Recipiente aconsejado: tartera de barro

jamón en dulce, 100 g;
pollo hervido, 200 g;
emmental, 50 g;
aceite extravirgen de oliva, 30 g;
hierbas de Provenza, 1 manojito;
sal y pimienta.

Cortar en finas tiritas el pollo, el jamón en dulce y el queso emmental.

En una tartera se mezclan el aceite extravirgen de oliva con la sal y la pimienta. Unir las hierbas finamente picadas.

Introducir en el microondas y mantener la cocción durante un minuto, dejar reposar un minuto más. Servir inmediatamente.

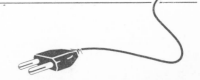

Endibias en cartucho

Cocción: 1 minuto   **Calorías por persona: 80**
Reposo: 1 minuto   **Recipiente aconsejado: papel vegetal**

endibias, 250 g;
aceite extravirgen de oliva, 30 g;
unas cuantas nueces;
sal y pimienta.

Lavar y mondar las endibias, separando las hojas exteriores, y cortarlas en tiritas finas.

    Unir a las endibias cortadas las nueces troceadas y sazonar con
aceite, sal y abundante pimienta; envolver el preparado en una hoja
de papel vegetal y llevarlo al horno microondas durante un minuto;
dejar un minuto en reposo y servir inmediatamente.

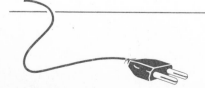

Tomates sabrosos

Cocción: 3 minutos
Reposo: 1 minuto

Calorías por persona: 150
Recipiente aconsejado: ensaladera de pyrex

tomates rojos duros, 200 g;
mozzarella, 100 g;
aceite extravirgen de oliva, 30 g;
anchoas, 2 filetes;
orégano, 1 pellizco;
sal y pimienta.

En una ensaladera de pyrex untada con aceite se disponen los tomates cortados por la mitad, en sentido horizontal.

Cortar la mozzarella a daditos y colocarla en las barquitas de tomate, previamente limpios de las semillas. Espolvorear con el orégano y salar ligeramente.

Cortar las anchoas a trocitos, y distribuir sobre los medios tomates.

Llevar la ensaladera al horno microondas y cocer durante tres minutos. Dejar reposar un minuto y servir, ofreciendo la pimienta por separado.

Tomates rellenos
de queso manchego tierno

Cocción: 3 minutos **Calorías por persona: 150**
Reposo: 1 minuto **Recipiente aconsejado: bandeja**

tomates maduros, 400 g;
pan rallado, 60 g;
queso manchego tierno, 80 g;
perejil picado, 10 g;
aceite extravirgen de oliva, 20 g;
sal y pimienta.

Lavar los tomates y con un cuchillo afilado cortar la parte superior y vaciar la pulpa, con cuidado para no romperlos. Salarlos ligeramente y dejarlos boca abajo para que escurran el líquido.

Llevar a la batidora eléctrica la pulpa de los tomates, el pan rallado y el queso, añadiendo el perejil y trabajarlo todo hasta la obtención de una masa homogénea. Salpimentar.

Llevar el producto obtenido a una manga de pastelería de boca ancha y rellenar los tomates previamente vaciados.

Colocarlos en una bandeja ligeramente untada de aceite e introducirlos en el horno microondas. Cocerlos durante tres minutos a intensidad máxima. Dejar reposar un minuto y servir inmediatamente, ofreciendo aparte la pimienta.

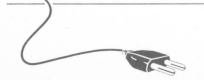

Pimientos al requesón

Cocción: 2 minutos   **Calorías por persona: 120**
Reposo: 1 minuto   **Recipiente aconsejado: bandeja**

pimientos amarillos, 200 g;
requesón fresco, 150 g;
aceitunas verdes, 10;
aceite extravirgen de oliva, 20 g;
perejil picado, 1 cucharadita;
sal y pimienta.

Lavar los pimientos. Cortar la parte superior y eliminar las semillas y los filamentos.

Trabajar el requesón con las aceitunas, finamente picadas, sazonar con la sal, la pimienta y el perejil picado.

Con una manga pastelera de boca ancha rellenar los pimientos con la crema obtenida y colocarlos sobre una bandeja ligeramente aceitada.

Introducir en el horno microondas y dejar cocer durante dos minutos; dejarlos reposar un minuto más y servir inmediatamente.

Primeros platos

El tiempo de cocción de la pasta o el arroz en el horno microondas es idéntico al de la cocción tradicional, porque estos alimentos precisan cierto tiempo para recuperar el agua que han perdido al secarse. En consecuencia es aconsejable cocerlo en un fuego normal, utilizando el horno microondas únicamente para la preparación de las salsas o los jugos, que resultarán más perfumados y al mismo tiempo más ligeros y digeribles.

Será siempre conveniente el empleo de menores cantidades de aromas que las que se emplean en la cocina tradicional, porque el horno microondas tiene tendencia a aumentarlos.

Jugos y salsas deben cocerse sin tapadera.

En algunas ocasiones hay que dejar que se evaporen las salsas —especialmente las preparadas a base de tomate— en el fuego tradicional, porque con la cocción a microondas la evaporación del líquido es mucho menor.

Macarrones a la mediterránea

Cocción: 8 minutos

Calorías por persona: 400
Recipiente aconsejado: tartera de barro

macarrones, 300 g;
pimientos verdes, rojos y amarillos, 300 g;
tomates pelados, 200 g;
aceite extravirgen de oliva, 50 g;
ajo, un diente;
anchoas, un filete;
albahaca picada, una cucharadita;
sal.

Lavar y limpiar los pimientos, eliminando las semillas y las partes blancas; cortar a tiritas. Triturar el diente de ajo.

Llevar todos los ingredientes, exceptuando la albahaca, a una tartera de barro. Tapar y llevarla al horno microondas durante ocho minutos. Cocer los macarrones *al dente* en abundante agua salada, escurrirlos y aderezarlos con el jugo preparado con los pimientos, completando con la picada de albahaca y algo de aceite crudo.

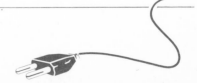

Macarrones dietéticos de verdura

Cocción: 4 minutos

Calorías por persona: 330
Recipiente aconsejado: una tartera de pyrex

berenjenas, 100 g;
calabacines, 100 g;
pimientos, 100 g;
macarrones, 300 g;
aceite extravirgen de oliva, 20 g;
una cebolla;
un manojo de perejil;
sal y pimienta.

Cortar las verduras a daditos y salarlas ligeramente. Colocar todos los ingredientes para la salsa, excepto el perejil, en un recipiente de pyrex. Cocer durante cuatro minutos.

Cocer los macarrones en abundante agua salada, escurrirlos cuando se hallen *al dente* y sazonarlos con las verduras, a las que en el último momento se habrá añadido el perejil.

Macarrones a la seta

Cocción: 3 minutos

Calorías por persona: 300
Recipiente aconsejado: tartera de barro

macarrones, 300 g;
setas (robellones), 400 g;
un diente de ajo;
aceite extravirgen de oliva, 50 g;
queso rallado, 50 g;
sal y pimienta.

Limpiar los robellones y cortarlos en láminas finas. En un recipiente de barro echar el ajo, el aceite, las setas. tapar y dejar cocer en el microondas durante tres minutos.

Cocer los macarrones por lo menos en tres litros de agua salada, escurrirlos cuando estén *al dente* y sazonarlos con la salsa de las setas, el queso rallado y una cantidad conveniente de pimienta.

Macarrones a la crema de cebolla con cerveza

Cocción: 7 minutos

Calorías por persona: 350
Recipiente aconsejado: una taza de barro o vidrio

macarrones, 300 g;
una cebolla grande;
queso rallado, 50 g;
cerveza rubia, 2 cucharadas;
aceite extravirgen de oliva, 20 g;
sal y pimienta.

Pelar la cebolla, lavarla y cortarla en rodajas finísimas, casi transparentes. Colocar en un recipiente el aceite con la cebolla preparada como se ha indicado y añadir la cerveza. Cocer en el horno microondas durante 7 minutos, con el recipiente tapado por una película transparente convenientemente perforada.

Cocer los macarrones en abundante agua salada, escurrirlos cuando estén *al dente* y sazonarlos con la salsa de cebolla.

Mezclar y añadir el queso rallado y un poquito de aceite crudo. Salpicar de pimienta y servir inmediatamente.

Tallarines verdes en salsa rosa

Cocción: 6 minutos
Reposo: 2 minutos

Calorías por persona: 450
Recipiente aconsejado: ensaladera de pyrex

tomates pelados, 300 g;
tallarines verdes, 250 g;
nata fresquísima, 100 g;
una escalonia;
sal y pimienta.

En un recipiente de pyrex se mezcla la escalonia finamente picada con los tomates pelados y totalmente escurridos, cortados someramente. Cocer durante tres minutos. Dejar reposar dos minutos y pasar a la batidora eléctrica.

Entretanto, cocer los tallarines verdes en abundante agua salada, escurrirlos cuando estén *al dente* y mezclar la salsa anteriormente preparada.

Sazonar con pimienta y servir inmediatamente.

Penne a la crema verde*

Cocción: 1 minuto
Reposo: 1 minuto

Calorías por persona: 550
Recipiente aconsejado: un tazón de vidrio

penne, 400 g;
queso de cabra, 300 g;
un manojo de albahaca;
perejil y perifollo picados, 1 cucharadita;
mantequilla;
una nuez pequeña;
agua caliente;
sal y pimienta.

Escaldar en una taza ancha el queso de cabra con algunas cucharadas de agua e incorporar, sin dejar de remover, la mantequilla, la sal, la pimienta y el perejil y perifollo picados. Se ha de obtener una crema suave. Cocer en el horno microondas durante un minuto y a continuación dejarlo reposar durante otro minuto.

Después de haber cocido la pasta en abundante agua salada se escurre *al dente*. Se añaden al mismo recipiente en que hemos preparado la crema verde.

Se mezcla bien y en el momento de servir se añade algo de pimienta recién molida.

* Las *penne* son una pasta alimenticia romboidal, corta y agujereada, cuya forma recuerda a las antiguas plumas de escribir de ave.

Penne a la alcachofa

Cocción: 8 minutos

Calorías por persona: 400
Recipiente aconsejado: una cazuela de barro

penne, 300 g;
alcachofas, 4 de tamaño mediano;
aceite extravirgen de oliva, 50 g;
queso rallado, 60 g;
sal y pimienta.

Limpiar las alcachofas y cortarlas en lonjas muy finas, incluyendo la parte tierna de los tallos.

En un recipiente de barro verter el aceite con las alcachofas. Tapar. Coer en el horno microondas durante ocho minutos. Cocer la pasta por lo menos en tres litros de agua salada y escurrirlas *al dente*, mezclándolas con la salsa de alcachofa; añadir el queso y un poco de pimienta recién molida.

Penne al calabacín

Cocción: 5 minutos

Calorías por persona: 350
Recipiente aconsejado: una cazuela de barro

penne, 300 g;
calabacines, 300 g;
queso rallado, 50 g;
dos cucharadas de leche;
aceite extravirgen de oliva, 20 g;
una cebolla;
sal y pimienta.

Pelar la cebolla, lavarla y hacer gajos muy finos. Disponer en un recipiente de barro el aceite y la cebolla preparada y los calabacines cortados a pedacitos. Cocer en el horno microondas durante cuatro minutos con el recipiente cubierto con una película convenientemente agujereada.

Cocer la pasta en abundante agua salada, escurrirla cuando esté *al dente* y mezclarla inmediatamente con la salsa de cebolla y calabacín.

Mezclar, añadir el queso rallado y un hilito de aceite crudo. Sazonar con pimienta y servir inmediatamente.

Polenta

Cocción: 15 minutos
Reposo: 2 minutos

Calorías por persona: 250
Recipiente aconsejado: una tartera de vidrio

harina de maíz de la mejor calidad, 250 g;
agua, 850 g;
sal

En una tartera de vidrio, preferentemente ancha, calentar el agua durante cinco minutos a la máxima intensidad.

Verter en forma de lluvia la harina de maiz y la sal, mezclar bien con una cuchara de madera y dejar que cueza durante cinco minutos, siempre con la máxima intensidad. Mezclar y dejar que prosiga la cocción otros cinco minutos.

Dejar reposar dos minutos, verter la polenta sobre una madera y servir.

Espaguetis a la putesca

Cocción: 8 minutos

Calorías por persona: 400
Recipiente aconsejado: una tartera de vidrio

espaguetis, 320 g;
tomates frescos, 400 g;
aceite extravirgen de oliva, 40 g;
un diente de ajo,
pimiento picante, un pedacito;
alcaparras, una cucharada;
aceitunas negras deshuesadas, 50 g;
anchoas, dos filetes;
perejil picado, una cucharadita;
sal y pimienta.

Verter el aceite en un recipiente bajo y ancho, añadir el ajo limpio del germen central y un pedacito de pimiento picante limpio de semillas y dejarlo cocer durante dos minutos al 80 % de intensidad.

Para no obtener una salsa de sabor excesivamente acentuado, apartar el ajo y el pimiento.

Añadir a continuación los tomates, las anchoas, las alcaparras y las aceitunas a pedacitos, mezclar y cocer a la máxima intensidad durante seis minutos. Rectificar de sal al final de la cocción.

Mientras tanto, cocer en abundante agua los espaguetis, con la sal correspondiente y, bien escurridos, mezclarlos con la salsa preparada a la que se añadirá el perejil picado.

Espaguetis con almejas

Cocción: 5 minutos

Calorías por persona: 400
Recipiente aconsejado: una tartera de barro

espaguetis, 300 g;
almejas, 800 g;
vino blanco seco, medio vaso;
aceite extravirgen de oliva, 40 g;
un diente de ajo;
perejil;
sal y pimienta.

Lavar y limpiar las almejas, dejándolas bajo el agua corriente durante unos diez minutos.

Llevarlas a una cazuela de pyrex bastante ancha y tras haberla tapado ponerla en el microondas durante tres minutos. Conforme las almejas se vayan abriendo se separan y se sacan de las valvas, reservándolas aparte y mezclando las restantes. Cuando todas estén abiertas se filtra el líquido con una tela.

En otro recipiente se dispone el aceite con el ajo y se deja cocer durante dos minutos, se añaden las almejas, se salpica con el vino, se mezcla bien y se deja evaporar. Se lava y tritura el perejil, se une a las almejas y se salpimenta.

Aparte se cuecen los espaguetis en abundante agua salada, se escurren, se mezclan con la salsa de almejas y se sirven.

Arroz al curry

Cocción: 12 minutos
Reposo: 1 minuto

Calorías por persona: 50
Recipiente aconsejado: una cazuela de pyrex

arroz superfino, 300 g;
mantequilla, 50 g;
una cebolla;
vino blanco seco, medio vaso;
caldo vegetal o agua ligeramente salada, un litro;
curry, una cucharadita;
queso rallado

Llevar a una cazuela de pyrex 20 gramos de mantequilla con la cebolla finamente picada. Cocer durante cuatro minutos, añadir el arroz y el vino, mezclar y dejar que tome sabor durante dos minutos.

Añadir el caldo —o el agua— y terminar la cocción, dejándolo en el horno microondas durante diez minutos cubierto por la película.

Añadir el curry, la mantequilla restante y el queso rallado; probar y rectificar la sal si fuera necesario.

Tapar y dejar el arroz en el horno apagado durante un minuto de reposo; a continuación mezclar y servir.

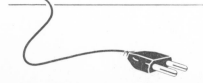

Arroz a la provenzal

Cocción: 16 minutos
Reposo: 2 minutos

Calorías por persona: 350
Recipiente aconsejado: una tartera de pyrex

arroz que no sobrecueza, 300 g;
tomate pasado por pasapuré, 50 g;
queso rallado, 50 g;
una cebolla pequeña;
caldo, 1/2 litro;
hierbas de Provenza, un manojo;
aceitunas negras, 50 g;
aceite extravirgen de oliva, 30 g.

Verter en la tartera de pyrex el aceite con la cebolla picada muy fina y dejar cocer durante un minuto.

Añadir el tomate, mezclar el arroz y añadir el caldo hirviente; volver a remover y cubrir el recipiente. Dejar cocer durante quince minutos. Apartar del horno, rectificar de sal, mezclar bien y volver a tapar.

Añadir el queso rallado, algo de aceite, las hierbas bien picadas y las aceitunas negras a pedacitos.

Dejar reposar durante dos minutos. Servir en un plato previamente calentado.

Arroz con espárragos

Cocción: 20 minutos　　　**Calorías por persona: 450**
Reposo: 3 minutos　　　**Recipiente aconsejado: cazuela de pyrex**

arroz superfino, 300 g;
espárragos, 300 g;
mantequilla, 50 g;
queso rallado;
una cebolla;
medio vaso de vino blanco seco;
caldo vegetal o agua ligeramente salada, 1 litro y medio;
una cucharada de perejil picado.

Llevar a una cazuela de pyrex 20 gramos de mantequilla con la cebolla finamente picada y la parte verde de los espárragos cortada a pedacitos.

Dejar cocer durante cuatro minutos, añadir el arroz y el vino, mezclar y dejar que tome sabor durante dos minutos. Verter poco a poco el caldo y completar la cocción durante otros doce minutos. Tapar el recipiente y dejar cocer, recordando que el arroz debe removerse dos o tres veces.

Añadir la mantequilla restante, probar y rectificar de sal. Añadir el perejil picado. Tapar y dejar el arroz en el horno apagado durante tres minutos de reposo; volver a mezclar y servir.

Sopas y cremas

Toda sopa, crema o menestra con caldo resulta exquisitamente perfumada y bien amalgamada si se prepara en el horno microondas.

Para evitar salpicaduras en las paredes del horno, así como para acelerar el tiempo de cocción resulta siempre conveniente el tapar las preparaciones caldosas.

Pueden hacerse en la sopera o en escudillas individuales.

Hay que recordar que han de utilizarse menores cantidades de líquido respecto a las empleadas en la cocción tradicional, que sólo debe de salarse en el tiempo de reposo o, incluso, posteriormente para evitar la deshidratación, y que conviene cortar las verduras a pedacitos de igual tamaño para obtener una cocción uniforme.

Colores y sabores permanecen naturales y las vitaminas y sales minerales intactas.

Crema de lechuga

Cocción: 15 minutos
Reposo: 4 minutos

Calorías por persona: 80
Recipiente aconsejado: tartera de vidrio

lechuga, 400 g;
cebolla, 150 g;
harina blanca, 20 g;
aceite extravirgen de oliva, 20 g;
caldo, 2 decilitros abuntantes;
sal y pimienta;
pimiento picante;
queso rallado para acompañar.

Limpiar la lechuga y cortarla a tiritas. Cortar en finos gajos la cebolla.

En una tartera de vidrio poner el aceite, la lechuga, la cebolla y el pimiento. Espolvorear con harina y mezclar; después, lentamente, diluir en el caldo con cuidado de que no se formen grumos. Cubrir y dejar cocer durante quince minutos, mezclando un par de veces.

Rectificar de sal y, si se desea, añadir pimienta.

Dejar en reposo durante cuatro minutos. Pasarlo por la batidora. Servir, ofreciendo el queso rallado aparte.

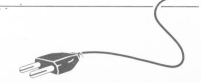

Crema de patatas a la albahaca

Cocción: 12 minutos
Reposo: 4 minutos

Calorías por persona: 250
Recipiente aconsejado: una sopera de barro

patatas, 600 g;
nata, 200 g;
caldo, 2 decilitros;
cebollas, 400 g;
una ramita de albahaca y sal.

Lavar las patatas y cortar la cebolla finísima. Llevar a una sopera la cebolla y las patatas peladas y cortadas a pedacitos, con el caldo y la nata. Tapar y dejar cocer durante doce minutos.

Pasar por la batidora. Añadir la sal y el ramito de albahaca y dejar reposar durante unos cuatro minutos, siempre con el recipiente tapado. Servir.

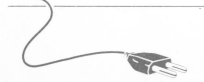

Crema de patatas y zanahorias

Cocción: 12 minutos
Reposo: 4 minutos

Calorías por persona: 250
Recipiente aconsejado: sopera de barro

patatas, 400 g;
zanahorias, 200 g;
nata, 100 g;
caldo, 1/2 litro;
cebollas, 100 g;
una ramita de romero y sal.

Lavar y pelar las patatas y las zanahorias, y cortar finamente la cebolla. Llevar a una sopera de barro la cebolla y las verduras cortadas a pedacitos, con el caldo y la nata.

Tapar y cocer durante doce minutos con la ramita de romero.

Separar el romero, rectificar de sal y dejar reposar otros cuatro minutos con el recipiente tapado. Servir.

Crema de escarola

Cocción: 15 minutos
Reposo: 4 minutos

Calorías por persona: 80
Recipiente aconsejado: sopera de vidrio

escarola, 400 g;
cebolla, 150 g;
harina blanca, 20 g;
aceite extravirgen de oliva, 20 g;
dos decilitros de caldo;
sal y pimienta.

Limpiar, lavar y escaldar la escarola. Cortar finamente la cebolla.

En la sopera de vidrio verter el aceite, la cebolla y la escarola cortada a tiritas. Espolvorear con la harina, mezclar y diluir lentamente con el caldo procurando que no se formen grumos. Cocer con el recipiente tapado durante quince minutos, removiendo un par de veces.

Rectificar de sal y, si se desea, añadir pimienta.

Dejar reposar durante cuatro minutos. Pasar por la batidora. Servir, ofreciendo aparte queso rallado.

Crema de calabaza

Cocción: 15 minutos
Reposo: 2 minutos

Calorías por persona: 200
Recipiente aconsejado: sopera de vidrio
   o cerámica

calabaza, 200 g;
caldo, 1/2 litro;
nata, 200 g;
una cebolla;
huevo, 2 yemas;
sal y pimienta.

Limpiar las calabazas de corteza, filamentos y semillas, cortarlas a pedazos pequeños y hacer finos gajos con la cebolla.

Llevar a una sopera la calabaza y la cebolla, recubrir con el caldo y cocer en el horno durante quince minutos a intensidad máxima. Pasar por la batidora.

Rectificar de sal, añadir las yemas de huevo batidas con la nata.

Dejar reposar durante dos minutos. Mezclar bien. Servir la crema muy caliente, acompañada de pequeños hojaldres.

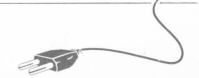

Menestra de habas tiernas

Cocción: 12 minutos   **Calorías por persona: 250**
Reposo: 3 minutos   **Recipiente aconsejado: una cazuela de barro**

patatas, 500 g;
habas tiernas desgranadas, 200 g;
cebolla, 100 g;
dos anchoas en salmuera;
aceite extravirgen de oliva, 30 g;
queso rallado, 20 g;
queso de oveja, 20 g;
un litro de caldo;
sal y pimienta negra.

Pelar, lavar y cortar muy finamente la cebolla y las patatas.

Llevar a un recipiente de barro el aceite, las anchoas desmenuzadas, las habas tiernas, las patatas y la cebolla. Cocer durante dos
minutos, mezclar y añadir el caldo. Cubrir con la película y dejar seguir la cocción diez minutos más.

Dejar reposar durante tres minutos con el recipiente tapado,
servir espolvoreando con el queso —preferentemente de Parma— y
el queso de oveja rallados.

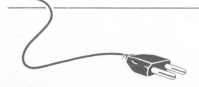

Sopa casera

Cocción: 15 minutos
Reposo: 2 minutos

Calorías por persona: 280
Recipiente aconsejado: una cazuela de barro

setas (robellones), 400 g;
tomate pasado por el pasapuré, 100 g;
queso rallado, 40 g;
aceite extravirgen de oliva, 40 g;
dos dientes de ajo;
dos huevos;
ocho rebanadas de pan;
sal y pimienta.

Limpiar las setas, sin lavarlas, con un cuchillo y cortarlas a pedacitos.

En un recipiente de barro poner al ajo, sin el germen, el aceite y las setas. Cocer con la cazuela tapada cinco minutos. Añadir el tomate y medio litro de agua. Seguir la cocción diez minutos.

Entretanto tostar el pan y colocarlo en los tazones, espolvoreándolo con el queso.

Mezclar bien la sopa, rectificar la sal y dejar reposar dos minutos.

En un tazón batir los huevos y unirlos a la sopa mezclando rápidamente.

Distribuir la sopa en los tazones y servir inmediatamente ofreciendo aparte el aceite y la pimienta.

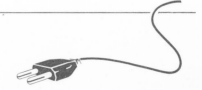

Sopa de alcachofas

Cocción: 15 minutos
Reposo: 3 minutos

Calorías por persona: 100
Recipiente aconsejado: una cazuela de barro

alcachofas, 800 g;
cebolla, 200 g;
un diente de ajo;
tomate pasado por el pasapuré, una cucharada;
aceite extravirgen de oliva, 20 g;
perejil picado, una cucharadita;
sal y pimienta.

Cortar a gajos las alcachofas tras haberlas limpiado y suprimido las espinas. Cortar a pedacitos la parte central del tallo. Dejarlos en agua y limón para evitar que se ennegrezcan.

Echar en una sopera el aceite, el ajo al que se ha suprimido el germen central, la cebolla finamente picada y el tomate. Cocer durante un minuto con recipiente tapado.

Unir las alcachofas y los tallos preparados, añadir un litro de agua y dejar cocer, siempre tapado, durante catorce minutos. Mezclar bien, añadir el perejil picado y dejar reposar durante tres minutos.

Servir, acompañado eventualmente de rebanaditas de pan tostado.

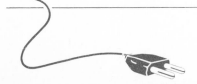

Sopa de cebolla

Cocción: 18 minutos

Calorías por persona: 400
Recipiente aconsejado: una cazuela de barro

cebollas, 600 g;
mantequilla, 50 g;
harina, 20 g;
caldo, 1 litro;
emmental, 100 g;
pan tostado, 4 rebanadas;
queso rallado, 4 cucharadas;
sal y pimienta.

Llevar a una cazuela de barro la mantequilla y las cebollas cortadas muy finamente, tapar y hornear durante siete minutos. Si el horno dispone de distintas intensidades, regularlo a intensidad media. Mezclar de vez en cuando, añadir la harina y volver a mezclar.

Añadir a continuación el caldo hirviendo y batir con una batidora eléctrica la mitad de las cebollas. Continuar la cocción otros ocho minutos a mayor intensidad.

En cuatro cazuelitas individuales disponer las rebanadas de pan tostado recubiertas por el emmental rallado, verter sobre ellas la sopa de cebolla y espolvorear con queso de Parma y pimienta.

Introducir de nuevo las cazuelitas en el horno durante tres minutos y servir.

Sopa de setas

Cocción: 15 minutos
Reposo: 3 minutos

Calorías por persona: 150
Recipiente aconsejado: una cazuela de barro

setas, 800 g;
aceite extravirgen de oliva, 50 g;
una cebolla;
un diente de ajo (facultativo);
perejil picado, 1 cucharadita;
sal y pimienta negra.

Limpiar y cortar las setas a pedacitos. Llevar a la cazuela el aceite, el ajo, la cebolla finamente picados, las setas y cocer durante un minuto.

Añadir, como mínimo, un litro de agua y proseguir la cocción durante catorce minutos.

Probar y rectificar de sal, añadir el perejil picado. Dejar reposar tres minutos.

Mezclar bien y servir ofreciendo la pimienta.

Sopa de setas y alcachofas

Cocción: 15 minutos
Reposo: 3 minutos

Calorías por persona: 150
Recipiente aconsejado: sopera de barro

setas, 400 g;
dos alcachofas;
aceite extravirgen de oliva, 50 g;
una cebolla;
un diente de ajo (opcional);
perejil picado en abundancia;
sal y pimienta negra.

Limpiar las alcachofas y cortarlas muy finas. Limpiar y cortar las setas a pedacitos. Poner en la sopera el aceite, el ajo, la cebolla finamente picada, las setas y las alcachofas, y cocer durante un minuto.

Añadir como mínimo medio litro de agua y cocer durante catorce minutos más.

Probar y rectificar de sal, añadir el perejil picado.

Dejar reposar durante tres minutos.

Mezclar y servir, ofreciendo aparte la pimienta que ha de ser recién molida.

Sopa de patatas

Cocción: 10 minutos
Reposo: 2 minutos

Calorías por persona: 200
Recipiente aconsejado: cazuela de barro

patatas, 400 g;
zanahorias, 200 g;
tocino ahumado, 50 g;
una cebolla pequeña;
caldo, 800 g;
una ramita de mejorana y sal.

En un recipiente de barro se dispone la cebolla y el tocino cortado a daditos, las patatas cortadas muy delgadas, las zanahorias lavadas y cortadas a rodajitas y el ramito de mejorana. Se deja cocer durante diez minutos con la cazuela tapada y a la intensidad máxima.

Se mezcla bien y se deja reposar durante dos minutos.

Se rectifica de sal y se sirve.

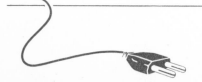

Sopa de calabacín primavera

Cocción: 10 minutos
Reposo: 4 minutos

Calorías por persona: 60
Recipiente aconsejado: una ensaladera de vidrio

dos patatas de tamaño grande;
cuatro calabacines;
caldo de cubito, 1 litro;
queso rallado, 40 g;
sal.

Lavar muy bien los calabacines. Lavar y pelar las patatas. Cortar los calabacines y las patatas mediante un aparato adecuado, «en paja».

En una ensaladera de vidrio colocar las patatas y los calabacines recubiertos de caldo y dejar cocer durante diez minutos con el recipiente tapado.

Añadir la sal y dejar reposar durante otros cuatro minutos.

Servir tras haber espolvoreado por encima el queso rallado.

Carnes

Para cocer bien las carnes en el microondas es necesario atenerse a unas reglas concretas y, especialmente a unos tiempos de cocción determinados.

Es conveniente recordar que con el horno microondas las carnes «se reducen» menos que las cocidas en forma tradicional. Conviene, además, tapar siempre los recipientes para evitar que las carnes se deshidraten excesivamente; de esta forma se conservarán tiernas.

También los tiempos de cocción resultan muy importantes: una cocción excesivamente prolongada hará la carne dura y seca; no hay que olvidar tampoco que la carne continúa cociendo incluso durante el tiempo de reposo.

Los pedazos grandes de carne requieren al inicio de la cocción una intensidad elevada, que se ha de reducir acto seguido. La parte más grasa ha de estar dirigida hacia abajo y, finalizada la cocción se procederá a darle vuelta empleando una cuchara de madera o una rasera de plástico. Es conveniente no emplear tenedores para no

provocar la salida de los jugos naturales; su dispersión, en efecto, hace la carne estropajosa y dura.

Los asados no deben cocer en su propio jugo, que se recogerá en un recipiente colocado debajo. El dorado superficial se obtendrá por los métodos tradicionales o con el plato-grill. Para que resulten más sabrosos es aconsejable un previo adobo con vino, hierbas y aceite, o bien untarlos con mantequilla u otros condimentos. Bistecs, chuletas y costillas deben de cocerse en el plato-grill oportunamente precalentado, lo mismo que las salchichas y los embutidos en general, que se pincharán previamente para evitar que la piel reviente. Asados y estofados resultarán suaves y tiernos si se cuecen con escaso líquido y a intensidad moderada.

Las aves, el conejo y los volátiles en general son carnes ideales para la cocción en el horno microondas. Hay que recordar que las extremidades deben envolverse en papel de aluminio, los muslos han de atarse y es preciso respetar los tiempos de cocción.

Todas las carnes deben de salarse acabada la cocción o durante el tiempo de reposo; además requieren la total descongelación, tras la cual se secarán y colocarán en el recipiente con la parte más grasa dirigida hacia abajo.

Cordero al romero

Cocción: 20 minutos
Reposo: 3 minutos

Calorías por persona: 300
Recipiente aconsejado: cazuela de pyrex

pierna de cordero, 800 g;
aceite extravirgen de oliva, 40 g;
romero;
sal y pimienta.

En una terrina se bate bien el aceite con el romero finamente picado, se sala un poquito y se añade abundante pimienta negra recién molida. Distribuir este batido sobre la pierna del cordero y ponerlo todo en un recipiente de pyrex de bordes bajos.

Llevar al horno microondas y cocer durante 20 minutos, a recipiente tapado con papel vegetal o película perforada. Transcurrido este tiempo, destapar y dar vuelta a la pierna en su jugo, rectificar la sal y, si se desea, añadir pimienta; a continuación dejar reposar durante tres minutos.

Cabrito al arrayán

Cocción: 5 minutos
Reposo: 3 minutos

Calorías por persona: 250
Recipiente aconsejado: bandeja de pyrex

costillitas de cabrito, 800 g;
aceite extravirgen de oliva, 40 g;
arrayán;
sal y pimienta.

En una terrina se emulsiona bien el aceite con el arrayán finamente picado; salar ligeramente y añadir abundante cantidad de pimienta negra. Distribuir esta mezcla sobre las costillas de cabrito cortadas y disponerlo todo en un recipiente de pyrex de bordes bajos.

Llevar al horno microondas y cocer durante cinco minutos, tras haber tapado el recipiente con película agujereada.

Transcurrido el tiempo de cocción, destapar, dar la vuelta a las costillitas en su juguillo, rectificar de sal y, si se desea, añadir algo más de pimienta; dejar reposar durante tres minutos.

Conejo perfumado

Cocción: 10 minutos
Reposo: 2 minutos

Calorías por persona: 270
Recipiente aconsejado: bandeja

conejo, 1 kg;
salvia, romero, laurel, 30 g;
una cucharada de aceite y sal.

Limpiar las hierbas y picarlas ligeramente. Cortar el conejo a pedazos y disponerlo en una bandeja. Esparcir las hierbas picadas sobre el conejo y regarlo con el aceite.

Llevarlo al horno a intensidad máxima durante tres minutos; a continuación dar la vuelta a los pedazos y prolongar la cocción durante otros tres minutos.

Tapar con la película transparente tras haberlo salado muy ligeramente. Dejar cocer otros cuatro minutos.

Dejar reposar durante dos minutos y servir.

Solomillo a la menta

Cocción: 4 minutos
Reposo: 2 minutos

Calorías por persona: 270
Recipiente aconsejado: plato-grill

solomillo, 600 g;
aceite extravirgen de oliva, 30 g;
un ramito de menta;
sal y pimienta.

Precalentar el plato-grill durante 5-6 minutos y a continuación cocer el solomillo dos minutos por cada lado; dar la vuelta sin pincharlo mediante una espátula.

Dejar reposar durante dos minutos y mientras tanto preparar la salsa a la menta, batiendo el aceite con una cucharada de agua y las hojas de menta, bien lavadas y secas.

Apartar la carne del horno y cortarla muy fina, recubriéndola con la salsa a la menta. Salar, y, si se desea, añadir pimienta.

Para una cocción más «a la sangre», disminuir el tiempo de permanencia en el horno.

Faisán a la mostaza

Cocción: 15 minutos   **Calorías por persona: 280**
Reposo: 4 minutos   **Recipiente aconsejado: cazuela de barro**

faisán, 800 g;
nata, 100 g;
una cucharadita de mostaza.

En un recipiente de barro bastante bajo y no excesivamente amplio disponer el faisán cortado a pedacitos, cociéndolo sin grasas y tapado durante diez minutos.

Disolver la mostaza en medio vaso de agua y añadirla al faisán; después terminar la cocción siempre a recipiente tapado durante otros 4-5 minutos.

Añadir la nata y dejar reposar cuatro minutos.

Pintada a la nata

Cocción: 10 minutos
Reposo: 4 minutos

Calorías por persona: 380
Recipiente aconsejado: cazuela de barro

pintada, 800 g;
nata, 160 g;
una cebolla;
sal y pimienta.

En un recipiente de barro no excesivamente grande y de borde bajo, colocar la pintada cortada a pedazos y la cebolla en gajos finos; cocer sin grasas y tapado durante diez minutos.

Añadir la nata y dejar reposar cuatro minutos.

Servir sobre tostadas de polenta tostada.

Pintada a las hierbas

Cocción: 15 minutos   **Calorías por persona: 270**
Reposo: 5 minutos   **Recipiente aconsejado: bandeja**

pintada, 1 kg;
hierbas aromáticas (romero, estragón, mejorana, salvia,
    albahaca, perejil), 50 g;
mantequilla, 30 g;
sal.

Picar finamente una parte de las hierbas tras haberlas lavado bien. Trabajarlas con una parte de la mantequilla. Introducir las hierbas restantes en el interior de la pintada y coser la apertura.

Untar el ave con mantequilla mezclada con las hierbas y disponerla en una bandeja no demasiado grande. Llevar la bandeja tapada al horno y cocer durante diez minutos a la máxima intensidad; destapar, salar ligeramente y continuar la cocción durante otros diez minutos.

Dejar reposar durante cinco minutos y servir.

Tapa de ternera al limón

Cocción: 3 minutos   **Calorías por persona: 230**
Reposo: 3 minutos   **Recipiente aconsejado: bandeja**

tapa (babilla) de ternera a lonchas finas, 350 g;
aceite extravirgen de oliva, 40 g;
un huevo;
un diente de ajo;
una cucharadita de perejil picado;
un limón.

En una terrina se emulsiona el aceite con el zumo de limón y el diente de ajo cortado a pedacitos; añadir sal, recordando que es conveniente que resulte algo escasa.

Poner en este adobo la carne de ternera dejándola aproximadamente una hora. Escurrirla y llevarla a la bandeja.

Llevar la bandeja al horno y cocer durante tres minutos; a continuación añadir el huevo batido, ligeramente salado, y el perejil picado.

Dejar reposar durante tres minutos y servir.

Tapa de ternera a la ligur

Cocción: 1 minuto
Reposo: 1 minuto

Calorías por persona: 200
Recipiente aconsejado: bandeja

tapa de ternera cortada muy fina, 200 g;
piñones, una cucharada;
aceite extravirgen de oliva, dos cucharadas;
romero picado;
aceitunas negras, una cucharada;
sal y pimienta

Disponer los cortes de carne en una bandeja, sin que se queden sobrepuestos. Rociarlos ligeramente con aceite y después espolvorearlos con el romero picado.

Llevar el plato al horno a la máxima intensidad durante un minuto.

Dejarlo reposar otro minuto y servir, salpimentándolo y adornado con los piñones y las aceitunas negras cortadas en pedacitos.

Redondo a la endibia

Cocción: 2 minutos
Reposo: 1 minuto

Calorías por persona: 150
Recipiente aconsejado: tartera de pyrex

redondo de carne cortado muy fino, 300 g;
aceite extravirgen de oliva, 10 g;
endibias 8-10 hojas;
perejil picado,
sal y pimienta.

Untar ligeramente la tartera y forrarla con las hojas de endibia; recubrir con las lonchas de carne. Salar ligeramente y añadir el perejil, el aceite restante, y si se desea, pimienta. Cubrir con la película convenientemente agujereada para permitir la salida del vapor.

Cocer a media intensidad durante dos minutos.

Dejar reposar un minuto, destapar y servir.

Pechuga de pollo con alcachofas

Cocción: 15 minutos
Reposo: 3 minutos

Calorías por persona: 200
Recipiente aconsejado: cazuela de pyrex

pechugas de pollo, 400 g;
alcachofas, 400 g;
cebolletas, 400 g;
nata fresca, 100 g;
setas secas, 20 g;
huevos, dos yemas;
sal y pimienta.

Ablandar las setas en una taza de agua fría durante diez minutos. Limpiar las alcachofas, cortarlas a gajos y sumergirlos en un poco de agua acidulada para que no se ennegrezcan.

Picar finamente 2 cebolletas, llevarlas a una cazuela de pyrex con la carne del pollo cortada a tiritas. Cocer durante un minuto a intensidad máxima.

Unir a continuación las restantes cebolletas, salar ligeramente, tapar y cocer a intensidad moderada durante otros nueve minutos. Añadir las setas picadas y un poco de agua en que se han ablandado convenientemente filtrada, tapar y dejar actuar el horno otros cinco minutos. Después de haber separado la carne y las verduras, pasar el fondo de cocción, unir las yemas y la nata y, tras haberlo mezclado dejar reposar sin tapar durante tres minutos.

Servir acompañado eventualmente de arroz pilaf.

Pechugas de pollo
a la crema de pimientos

Cocción: 5 minutos
Reposo: 3 minutos

Calorías por persona: 200
Recipiente aconsejado: una cazuela de barro no muy grande

pechugas de pollo, 400 g;
pimientos amarillos, 200 g;
leche, 100 g;
mantequilla, 20 g;
un diente de ajo y sal

En una cazuela de barro se disponen las pechugas cortadas a dados con el diente de ajo, al que se habrá suprimido el germen, y la mantequilla.

Entretanto se lava el pimiento y se corta a pedazos pequeños. Se añaden los pimientos a la carne, salando ligeramente y se deja cocer unos cinco minutos aproximadamente con la cazuela tapada. Se saca el pollo de la cazuela. Se añade la leche al fondo de cocción y se bate hasta la obtención de una crema homogénea.

Se pone de nuevo el pollo en el recipiente, se tapa y se deja reposar durante tres minutos.

Rectificar de sal y, eventualmente, añadir pimienta antes de servir.

Pechugas de pollo perfumadas

Cocción: 8 minutos
Reposo: 2 minutos

Calorías por persona: 200
Recipiente aconsejado: tartera de pyrex

pechugas de pollo abiertas, 400 g;
aceite extravirgen de oliva, 30 g;
perejil picado;
orégano, mejorana, una ramita de romero, dos hojitas de salvia;
medio diente de ajo;
sal y pimienta.

Batir todas las hierbas con el aceite, la sal y la pimienta; añadir el diente de ajo.

Colocar las pechugas de pollo en un recipiente de pyrex de la medida adecuada, cubrirlos con la salsita obtenida con las hierbas y tapar con película agujereada. Cocer a intensidad máxima durante ocho minutos.

Dejar reposar un par de minutos; eliminar la película, revolver el jugo formado con las pechugas y servir.

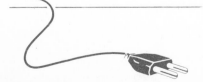

Pinchitos de pavo a la salvia

Cocción: 4 minutos
Reposo: 2 minutos

Calorías por persona: 200
Recipiente aconsejado: bandeja

muslo de pavo, 500 g;
unas hojitas de salvia;
panceta, 100 g;
aceite, 50 g;
perejil picado;
sal y pimienta.

Cortar el muslo del pavo y la panceta en dados bastante grandes y clavarlos en las agujas alternándolos con hojas de salvia. Es conveniente no apretarlos mucho y que los pedacitos de pavo no se toquen entre sí.

Llevarlos al horno microondas directamente sobre la bandeja y cocer a intensidad máxima el tiempo requerido, tras haber recubierto el recipiente con una película de plástico transparente.

Transcurrido el tiempo de cocción se precisa salar y, si se desea, añadir pimienta, espolvoreando los pinchitos con las hojas de salvia picadas.

Añadir el aceite y dejar reposar el fondo de cocción un par de minutos antes de servir.

Ternera con nueces

Cocción: 20 minutos
Reposo: 3 minutos

Calorías por persona: 200
Recipiente aconsejado: tartera de pyrex

carne de ternera cortada a dados, 600 g;
tomate pasado por pasapuré, 100 g;
una patata;
vino blanco seco, un chorrito;
nueces, una cucharada;
aceite extravirgen de oliva, 30 g;
sal y pimienta.

En una tartera de pyrex verter el aceite y el tomate. Cocer durante dos minutos, añadir la carne de ternera cortada a dados y proseguir la cocción durante otros dos minutos más.

Unir la patata lavada, pelada y cortada a rodajas no demasiado gruesas y las nueces; mantener el recipiente tapado durante otros dieciséis minutos.

Destapar y rociar con el vino blanco seco, dejar reposar durante tres minutos, salpimentar antes de servir.

Pescados

En el horno microondas pueden cocerse todos los pescados, los crustáceos y el resto de productos del mar; solamente deberemos excluir los fritos. Con la cocción rápida los pescados resultan mucho más suaves y sabrosos.

Durante la cocción y el tiempo de reposo es aconsejable cerrar siempre el recipiente con una tapadera o con una película transparente, donde se harán unos cuantos agujeros para facilitar la salida del vapor y acelerar el tiempo de cocción.

Es importante disponer la parte más alta de las rodajas o cortes del pescado hacia los bordes del recipiente y la más baja hacia el centro. De esta forma, aun en el caso en que se deban cocinar simultáneamente varios pescados, las cabezas deberán hallarse dirigidas hacia el exterior y las colas hacia el centro para lograr una cocción más uniforme.

Cazuela marinera

Cocción: 10 minutos
Reposo: 2-3 minutos

Calorías por persona: 600
Recipiente aconsejado: cazuela de barro

pescado roquero a rodajas, 500 g;
pescado variado, 900 g;
calamares y sepias a tiritas, 200 g;
cuatro cangrejos;
cuatro gambas;
pulpa de tomate, 150 g;
vino blanco seco, un chorrito;
dos cebollas;
un diente de ajo sin el germen;
una hoja de laurel;
aceite extravirgen de oliva, 40 g;
pan inglés, cuatro rebanadas sin corteza y tostadas;
un sobre de azafrán;
sal y pimienta negra.

En el recipiente de barro se ponen las cebollas finamente cortadas y el diente de ajo aplastado, el aceite, las sepias y los calamares cortados a tiritas muy finas.

Se lleva al horno y se cuece a la máxima intensidad durante 4-5 minutos, se añade el resto del pescado, el azafrán disuelto en la pulpa del tomate y se diluye todo con un vaso de agua. Cocer destapado a la máxima intensidad durante algunos minutos, mojar con el vino blanco seco, añadir el laurel y los crustáceos, tapar y mantener la cocción un minuto.

Dejar reposar y servir con el pan.

Colas de gamba aurora

Cocción: 3 minutos
Reposo: 1 minuto

Calorías por persona: 220
Recipiente aconsejado: bandeja

colas de gamba ya peladas, 600 g;
tomate pasado por el pasapuré, 100 g;
mantequilla, una nuez;
nata fresca, 100 g;
un pedacito de escalonia;
sal y pimienta.

En la bandeja, previamente untada con mantequilla, disponer las colas de gamba y el pedacito de escalonia. Tapar con la película transparente y cocer a la máxima intensidad durante un minuto.

Añadir a continuación el resto de los ingredientes, salar, agregar pimienta si se desea, tapar con la película y proseguir la cocción durante dos minutos.

Eliminar la película, apartar la escalonia, dejar reposar un minuto y servir acompañado de arroz pilaf.

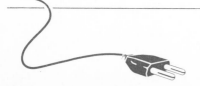

Filetes de lenguado
con hojas de parra

Cocción: 3 minutos
Reposo: 1 minuto

Calorías por persona: 250
Recipiente aconsejado: una bandeja de pyrex

filetes de lenguado, 400 g;
aceite extravirgen de oliva, 30 g;
una patata grande;
hojas de vid en salmuera, 5-6;
perejil picado, una cucharadita;
sal y pimienta.

Untar ligeramente una bandeja de pyrex y cubrirla con las hojas de parra. Cortar la patata, previamente cocida, para recubrirla con los filetes de lenguado. Salar ligeramente, añadir el perejil y el aceite restante y, si se desea, la pimienta. Recubrir la bandeja con película horadada para permitir la salida del vapor.

Cocer a intensidad media durante tres minutos.

Dejar reposar un minuto y servir.

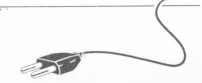

Cangrejos al brandy

Cocción: 3 minutos
Reposo: 1 minuto

Calorías por persona: 180
Recipiente aconsejado: bandeja

cangrejos, 1 kg;
aceite extravirgen de oliva, 30 g;
unas gotas de limón;
brandy, 50 g;
una cucharadita de perejil picado;
sal y pimienta.

Lavar los cangrejos al chorro de agua corriente, darles un corte en la espalda con un cuchillo bien afilado.

Disponerlos en la bandeja y rociarlos con una salsa compuesta en la siguiente forma: se disuelve un pellizco de sal en unas gotas de limón y el brandy y, sin dejar de mezclar se añade el aceite y el perejil picado.

Cubrir la bandeja con una hoja de película plástica y llevarlo al horno durante tres minutos a intensidad máxima.

Dejar reposar un minuto con el recipiente destapado antes de servirlos.

Pulpos rehogados al vino blanco

Cocción: 15 minutos
Reposo: 2 minutos

Calorías por persona: 120
Recipiente aconsejado: tartera de barro

pulpos ya limpios, 800 g;
vino blanco seco, medio vaso;
aceite extravirgen de oliva, 25 g;
un diente de ajo;
una cucharadita de perejil picado;
orégano, sal y pimienta.

Lavar cuidadosamente los pulpos bajo el agua corriente.

Echar en un recipiente de barro el aceite extravirgen de oliva, añadir los pulpos, el diente de ajo y salar ligeramente; tapar y cocer a intensidad máxima durante dos minutos.

Destapar y mojar con el vino blanco seco, dejar evaporar durante tres minutos, revolviendo de vez en cuando.

Añadir el perejil y el orégano, rectificar la sal y, si se desea, añadir pimienta; apartar el diente de ajo y seguir la cocción diez minutos o más con el recipiente tapado.

Dejar reposar tres minutos y servir acompañado de patatas hervidas y cortadas a rodajas.

Pez espada al limón

Cocción: 3 minutos
Reposo: 1 minuto

Calorías por persona: 180
Recipiente aconsejado: bandeja

pez espada en dados, 400 g;
aceite extravirgen de oliva, 30 g,
unas gotas de zumo de limón;
agua, 50 g;
perejil picado;
sal y pimienta.

Colocar los pedacitos de pez espada en la bandeja y rociarlos con una salsa previamente preparada obtenida de la siguiente forma: se disuelve la sal en el zumo de limón y el agua y después, sin dejar de mezclar se añade el aceite y el perejil picado.

Se recubre con una hoja de película transparente y se lleva al horno durante tres minutos a intensidad máxima. Se deja reposar destapado un minuto antes de servir.

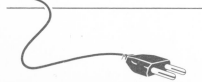

Sepias guisadas con jengibre

Cocción: 15 minutos   **Calorías por persona:** 150
Reposo: 2 minutos   **Recipiente aconsejado:** cazuela de barro

sepias cortadas en anillo, 800 g;
aceite extravirgen de oliva, 25 g;
un diente de ajo;
un pedacito de jengibre fresco o media cucharadita de jengibre
*   en polvo;*
tomate pasado por el pasapuré, 200 g;
sal y pimienta.

Lavar las sepias al chorro de agua y disponerlas con el aceite y el diente de ajo en una cazuela de barro; cocerlas tapadas a intensidad máxima durante cinco minutos.

Añadir a continuación el tomate en el que se habrá disuelto el jengibre fresco picado o el polvo de jengibre.

Tapar y terminar la cocción a menor intensidad durante otros diez minutos.

Dejar reposar dos minutos más y servir con trocitos de pan tostado.

Pinchitos de atún
al perfume de laurel

Cocción: 4 minutos
Reposo: 2 minutos

Calorías por persona: 200
Recipiente aconsejado: bandeja

atún, 500 g;
unas hojas de laurel;
aceite extravirgen de oliva, 30 g;
una cucharadita de perejil picado;
sal y pimienta.

Cortar el atún a dados grandes para que puedan insertarse en los pinchitos, alternándolos con hojas de laurel. No se han de apretar para evitar que el pescado se aplaste. Colocar los pinchitos en una bandeja y tras haberla recubierto con la película plástica introducirla en el horno y cocer a la máxima intensidad durante cuatro minutos.

Pasado el tiempo de cocción, salar y si se desea añadir pimienta; espolvorear sobre el pescado perejil picado.

Añadir el aceite y dejarlo reposar en el horno durante dos minutos antes de servirlo.

Pez espada a la pimienta rosa y lechuga

Cocción: 1 minuto
Reposo: 1 minuto

Calorías por persona: 200
Recipiente aconsejado: bandeja

pez espada cortado en filetes muy finos;
una lechuga;
aceite extravirgen de oliva, 2 cucharadas;
sal y pimienta rosa (pimentón).

Disponer los filetes de pez espada en una bandeja, sin que queden sobrepuestos. Untarlos ligeramente con el aceite y espolvorear con el pimentón.

Llevarlo al horno microondas a intensidad máxima durante un minuto, después dejar reposar otro minuto y a continuación salpimentar. Recubrir los filetes de pez espada con la lechuga lavada y cortada a tiritas.

Torta de pescadilla con piñones

Cocción: 8 minutos
Reposo: 2 minutos

Calorías por persona: 280
Recipiente aconsejado: tartera de pyrex

pescadilla limpia de cabezas y espinas, 600 g;
aceite extravirgen de oliva, 30 g;
piñones, 30 g;
salvia, 1 ramita;
sal y pimienta.

En una tartera ligeramente untada de aceite disponer en una sola capa las pescadillas limpias de espinas y cabeza, salar ligeramente y tapar con película plástica llevar al horno y cocer a la intensidad máxima durante 7-8 minutos.

Transcurrido ese tiempo añadir los piñones y la salvia desmenuzada y dejar reposar durante un par de minutos.

Rodajas de salmón al cartucho

Cocción: 5 minutos
Reposo: 1 minuto

Calorías por persona: 200
Recipiente aconsejado: papel oleoso

rodajas de salmón, 800 g;
aceite extravirgen de oliva, 30 g;
zumo de limón, 1 cucharada;
un diente de ajo;
sal y pimienta.

Sobre una hoja de papel oleoso se disponen las rodajas de salmón, previamente pasadas por agua y sin secar.

Se añade el zumo del limón, el aceite extravirgen, el diente de ajo sin germen, la sal y, si se desea, la pimienta. Se cierra el papel sin apretar excesivamente y se lleva al horno durante cinco minutos a intensidad máxima. Dar la vuelta un par de veces al cartucho para que la cocción resulte uniforme.

Dejar reposar un minuto, servir a continuación abriendo el cartucho ante los comensales, ya en la mesa.

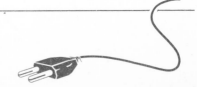

Rodajas de pez espada al aroma de huerta

Cocción: 15 minutos
Reposo: 2 minutos

Calorías por persona: 200
Recipiente aconsejado: una tartera de pyrex

pez espada en un solo corte, 600 g;
aceite extravirgen de oliva, 30 g;
perejil picado;
mejorana, una ramita de romero, dos hojas de salvia;
medio diente de ajo;
sal y pimienta.

Se pasan por la batidora todas las hierbas aromáticas con el aceite extravirgen, la sal, la pimienta si se desea, y a continuación se añade el ajo, que también se bate.

Se dispone el pedazo de pez espada en la tartera —de medida conveniente— y se vierte por encima el anterior preparado con las hierbas. Se recubre con la película plástica y se cuece durante cinco minutos a intensidad máxima.

Se prosigue la cocción durante diez minutos más disminuyendo la intensidad. Dejar reposar dos minutos, eliminar la película, rociar con el jugo formado y servir.

Salmonetes al limón

Cocción: 5 minutos
Reposo: 1 minuto

Calorías por persona: 200
Recipiente aconsejado: una tartera o bandeja de pyrex.

salmonetes limpios, 700 g;
aceite extravirgen de oliva, 30 g;
zumo de medio limón;
perejil picado, 1 cucharada;
alcaparras en vinagre, 1 cucharadita;
sal y pimienta.

Vaciar y lavar los salmonetes. Colocarlos en una bandeja de pyrex, no excesivamente grande y untarlos ligeramente con el aceite.

Pasar por la batidora el perejl, las alcaparras, el zumo de limón y salpimentar o salar simplemente. Verter esta salsa sobre los salmonetes, tapar con la película y cocer cinco minutos a intensidad máxima.

Dejar reposar como mínimo un minuto y servir inmediatamente tras apartar la película transparente que los recubre.

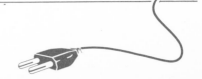

Sopa de mariscos a la albahaca

Cocción: 15 minutos
Reposo: 3 minutos

Calorías por persona: 150
Recipiente aconsejado: una cazuela de barro

mariscos variados (almejas, mejillones, navajas, chirlas,
*   etcétera), 1 kg;*
vino blanco seco, 50 g;
aceite extravirgen de oliva, 20 g;
un diente de ajo;
pulpa o tomate pasado por pasapuré, 100 g;
albahaca picada, una cucharada;
sal y pimienta.

Tras haber rascado los mariscos se lavan al chorro de agua y se dejan alrededor de una hora a remojo en agua salada para que eliminen la arena.

Se llevan a una cazuela de barro con el aceite, el ajo sin el germen y se dejan cocer a intensidad máxima hasta que se abran (unos cuatro minutos).

Eliminar los mariscos que no se hayan abierto, añadir el vino blanco y cocer durante dos minutos a cazuela destapada, mezclando para favorecer la evaporación. Salar, añadir la pulpa o el puré de tomate, poner pimienta si se desea, tapar y continuar la cocción durante nueve minutos.

Dejar reposar con el recipiente destapado durante tres minutos para que el caldo se espese. Se sirve espolvoreado con albahaca picada.

Huevos

Con las microondas se pueden realizar excelentes preparaciones a base de huevos, con tiempos y resultados muy satisfactorios. Los huevos son un producto «delicado», por lo que requieren un cuidado y una atención particulares.

En el horno microondas la cocción es más rápida que en el horno tradicional. No es posible cocer los huevos con su cáscara, dado que en el interior de la misma se produce un aumento de presión que haría estallar el huevo. Por esta razón no se pueden preparar huevos duros ni *a la coque* (pasados por agua), pero sí huevos a la mantequilla, al plato, revueltos, «en camisa» y, además, tortillas, crêpes, tartas.

Es muy importante emplear huevos que tengan todos las mismas dimensiones y que se encuentren a la misma temperatura para lograr una cocción uniforme, ya que estos caracteres influyen en el tiempo de cocción. En efecto, un huevo de mayor tamaño y conservado en el frigorífico requiere un tiempo de cocción más prolongada que un huevo pequeño a temperatura ambiente.

También se ha de recordar que la yema es la parte más grasa y alcanza la cocción antes que la clara, por lo que se precisa practicar en ella algunos agujeritos con una aguja o un palillo para evitar que se reviente. La clara acabará de cocer durante el tiempo de reposo con el recipiente destapado.

Fondos de alcachofa rellenos

Cocción: 10 minutos
Reposo: 2 minutos

Calorías por persona: 200
Recipiente aconsejado: un plato de cerámica o vidrio

fondos de alcachofa, 8;
huevos, 4;
nata, 30 g;
perejil picado, 1 cucharada;
un limón y sal.

Sumergir los fondos de alcachofa en agua acidulada con el limón para evitar que se ennegrezcan. Bien escurridos se disponen en un plato, se salan ligeramente y se dejan cocer durante cinco minutos en el horno microondas.

En un tazón se baten los huevos con el perejil picado y unas gotas de nata, salar ligeramente. Con la mezcla preparada rellenar los fondos de alcachofa, que se cocerán con el recipiente tapado con película transparente otros cinco minutos.

Acabada la cocción, apagar el horno y dejar en reposo dos minutos.

Servir llevando a la mesa directamente el mismo plato donde se ha llevado a término la cocción, adornado con ramitas de perejil fresco o, lo que es más decorativo, con hojas de ensalada.

Tortilla a la campesina

Cocción: 6 minutos
Reposo: 3 minutos

Calorías por persona: 150
Recipiente aconsejado: una tartera de pyrex

cebollas, 400 g;
huevos, 6;
nata, 40 g;
mantequilla, 10 g;
albahaca o perejil (facultativo);
sal.

Lavar las cebollas después de haberlas pelado y cortado muy finas. Con los 10 gramos de mantequilla untar una tartera en la que se harán cocer las cebollas durante cuatro minutos.

En un recipiente se baten los huevos con la nata, un pellizco de sal y, eventualmente pimienta y las hierbas. Añadir a las cebollas el batido de huevos, mezclar muy bien y dejar cocer durante dos minutos más a intensidad media, tapando la tartera con la película transparente.

Acabada la cocción, mantener la tortilla en el interior del horno apagado durante los tres minutos de reposo. Servir caliente o fría.

Tortilla de calabacín

Cocción: 6 minutos
Reposo: 3 minutos

Calorías por persona: 150
Recipiente aconsejado: tartera de pyrex

calabacines nuevos, 500 g;
huevos, 5;
mantequilla, una nuez;
un diente de ajo;
perejil picado abundante;
sal y pimienta.

Lavar y cortar muy finamente los calabacines. Untar la tartera con la nuez de mantequilla. Llevar los calabacines a la tartera, añadir el diente de ajo finamente picado y el perejil. Cocer durante tres minutos en el horno microondas.

Aparte batir los huevos con un pellizco de sal y pimienta blanca recién molida. Unir a los calabacines el batido de huevos y proseguir la cocción durante tres minutos, dando vuelta al recipiente una vez como mínimo.

Acabada la cocción mantener la tortilla en el horno apagado durante los tres minutos de reposo. Servir. También es muy agradable tibia.

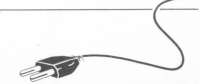

Tortilla apetitosa

Cocción: 4 minutos   **Calorías por persona: 250**
Reposo: 1 minutos   **Recipiente aconsejado: una tartera de pyrex**

queso roquefort, 80 g;
huevos, 6;
cebolla, 50 g (facultativo);
mantequilla, 1 nuez;
sal y pimienta.

En un recipiente batir los huevos con la sal y la pimienta. Añadir el roquefort, cortado a pedacitos muy pequeños. Untar la tartera, preferentemente redonda, de unos 20 centímetros de diámetro.

Verter el batido de queso y huevos en la tartera, tapar con la película y dejar cocer cuatro minutos a intensidad máxima, mezclando una vez y girando el recipiente si el horno no dispone de plato giratorio.

Dejar reposar un minuto antes de servir.

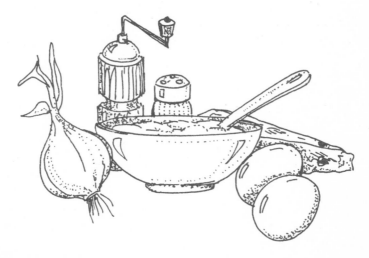

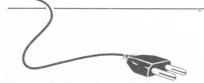

143

Endibias rellenas

Cocción: 5 minutos
Reposo: 1 minuto

Calorías por persona: 320
Recipiente aconsejado: bandeja

jamón en dulce, 100 g;
huevos, 8;
mantequilla, 20 g;
una endibia grande o dos pequeñas;
sal y pimienta.

Colocar la mantequilla en una bandeja e introducirla en el horno microondas durante un minuto.

Aparte batir los huevos con el jamón finamente picado, salar muy ligeramente y, si se desea, añadir pimienta.

Lavar las endibias, partirlas por la mitad ensanchándolas ligeramente. Suprimir unas cuantas hojas formando cuatro barquitas. Disponer en la bandeja las medias ensaladas y cocer en el horno microondas durante dos minutos.

Verter el batido de huevo con jamón en las barquitas de ensalada y proseguir la cocción durante dos minutos más.

Dejar reposar un minuto y esperar a que se entibien. Servir directamente en la misma bandeja.

Quiche de alcachofas

Cocción: 6 minutos **Calorías por persona: 250**
Reposo: 2 minutos **Recipiente aconsejado: tartera de pyrex**

fondos de alcachofa, 600 g;
cebollas, 200 g;
queso rallado, 50 g;
huevos, 2;
aceite extravirgen de oliva, 20 g;
un limón;
sal y pimienta.

Limpiar las alcachofas, sumergir los corazones en agua acidulada con zumo de limón para que no se ennegrezcan. Pelar las cebollas y cortarlas a rodajas muy finas.

En la tartera ligeramente untada disponer los fondos de alcachofas bien escurridos, cortados a finísimas rodajas y la cebolla; salar. Dejar cocer durante seis minutos, mezclando por lo menos una vez.

En una tarrina batir los huevos con el queso y un poco de pimienta recién molida. Añadir a las verduras el batido de huevo y queso, mezclar muy bien, tapar con la película y mantener el preparado en el horno durante otros dos minutos.

Acabada la cocción, dejar la quiche en el horno reposando durante dos minutos.

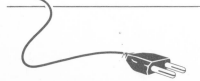

Ramequín

Cocción: 3 minutos   **Calorías por persona: 250**
Reposo: 2 minutos   **Recipiente aconsejado: bandeja**

pan de molde algo seco, 4 rebanadas;
emmental o cualquier otro queso, 4 lonchas;
huevos, 2;
leche, 200 g;
mantequilla, 40 g;
nuez moscada, 1 pellizco;
sal y pimienta negra

Colocar la bandeja, con la mantequilla a pedacitos, en el horno a intensidad máxima y mantenerlo así durante treinta segundos.

Pasar rápidamene las rebanadas de pan por la mantequilla fundida y distribuir la restante por la bandeja, de manera uniforme. Poner sobre cada rebanada de pan una loncha de queso, llevarlas al plato superponiéndolas ligeramente.

Batir los huevos con la leche y la sal, la pimienta y la nuez moscada y verter sobre el pan. Tapar el plato con la película transparente. Dejar cocer a intensidad media durante tres minutos. Dejar reposar durante otros tres minutos antes de servir.

Tarta de verdura a las hierbas

Cocción: 10 minutos
Reposo: 4 minutos

Calorías por persona: 240
Recipiente aconsejado: una tartera de vidrio

patatas, 200 g;
calabacines, 100 g;
alcachofas, 300 g;
cebollas, 100 g o una pequeña;
un diente de ajo;
queso rallado, 2 cucharadas;
dos huevos;
un limón;
una cucharada de leche o nata;
hierbas frescas (perejil, albahaca, orégano, perifollo, estragón,
*   mejorana, si gusta, menta) y sal.*

Limpiar las verduras, cortarlas a tiritas muy finas y la cebolla delgadísima. Limpiar las alcachofas y sumergirlas en agua acidulada con el limón para que no se ennegrezcan. Untar la tartera con mantequilla y disponer las verduras, bien mezcladas. Cocer durante seis minutos mezclando un par de veces.

Aparte batir los huevos con un pellizco de sal, añadir las hierbas finamente picadas y la leche. Batir hasta obtener un preparado verdoso homogéneo. Recuérdese que la sal ha de ser escasa.

Verter el batido de huevos sobre las verduras casi cocidas, mezclar bien y dejar cocer durante otros cuatro minutos. Al cabo de dos minutos mezclar en forma que las verduras de los bordes vayan a parar al centro y viceversa.

Finalizada la cocción, mantener la tarta reposando en el horno durante otros cuatro minutos.

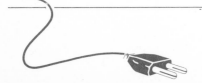

Huevos con fondos de alcachofa a la anchoa

Cocción: 10 minutos
Reposo: 2 minutos

Calorías por persona: 200
Recipiente aconsejado: una cazuela de barro

alcachofas, 8 fondos o 4 enteras;
huevos, 6;
nata, 40 g;
anchoas, 2 filetes;
un diente de ajo;
perejil picado, 1 cucharada;
un limón.

Sumergir los fondos de alcachofa o las alcachofas enteras sin puntas y hojas más duras en agua acidulada con limón para que no se ennegrezcan. Disponer las alcachofas o los fondos en un recipiente de barro, bien escurridos, añadir el perejil picado, el ajo también picado y las anchoas desmenuzadas. El picado de estos ingredientes puede hacerse conjuntamente. Mojar todo con la nata. Recubrir la cazuela con una película y dejar cocer durante seis minutos, mezclar por lo menos una vez, girando el recipiente si el horno no dispone de plato giratorio.

Batir aparte los huevos con un pellizco de sal (recordar que ha de salarse muy poco, porque están las anchoas). Añadir a los fondos de alcachofa los huevos y proseguir la cocción otros cuatro minutos, mezclando una vez.

Mantener los huevos reposando dos minutos con el horno apagado. Llevar a la mesa en el recipiente de cocción.

Verduras

El microondas está especialmente indicado para las verduras, que cuecen en tiempo brevísimo añadiéndoles poquísima agua y manteniendo sus propiedades nutritivas como las vitaminas y las sales minerales. Por eso resultan muy sabrosas y conservan sus colores naturales y brillantes.

También para las verduras han de respetarse algunas reglas.

Las verduras con piel han de ser pinchadas antes de colocarlas en el recipiente de cocción para evitar que se rompan; esta intervención es necesaria en patatas, berenjenas, calabacines, pimientos, etc., pero también en otras verduras ricas en agua como los tomates y las cebollas.

Cuanto más rápida sea la cocción más sabrosa resultará la verdura, por lo que precisa la mayor atención. No se prolongue la permanencia en el horno y recuérdese que la verdura acabará de cocerse durante el tiempo de reposo.

Las tartas que se obtienen con el microondas son excelentes y se realizan en muy escaso tiempo.

Cuando las verduras sean de varios tipos es conveniente disponerlas en corona en el interior del recipiente, dejando un hueco en el centro para acelerar el tiempo de cocción.

Pastel de acelgas al piñón

Cocción: 25 minutos
Reposo: 3 minutos

Calorías por persona: 240
Recipiente aconsejado: molde rectangular de plástico o pyrex

acelgas, 800 g;
queso rallado, 70 g;
dos huevos;
mantequilla, 30 g;
una cucharada de piñones y sal.

Lavar las acelgas y cocerlas en poquísima agua hirviente sin salar. Escurrirlas, cortarlas y llevarlas a la batidora; añadir el queso rallado, salar ligeramente.

Incorporar al batido los huevos, mezclando muy bien.

Untar abundantemente con mantequilla el molde elegido, esparciendo en su fondo los piñones. Verter en él el batido de acelgas, apretando bien. Llevarlo al horno y dejarlo cocer durante veinticinco minutos, recordando que se ha de dar un par de veces la vuelta al molde.

Deje reposar tres minutos. Vuelque el molde en una bandeja de tamaño adecuado y sírvalo caliente.

Canelones de berenjena

Cocción: 8 minutos   **Calorías por persona: 180**
Reposo: 2 minutos   **Recipiente aconsejado: plato de cerámica**

berenjena redonda grande, 1;
un diente de ajo;
jamón cocido, 4 cortes delgados;
queso blando, 80 g;
aceite extravirgen de oliva, 20 g;
unas hojitas de albahaca;
sal y pimienta.

Lavar y cortar la berenjena en ocho rodajas finas. Agujerearlas con la ayuda de un tenedor. Colocar las tajadas sobre una hoja de película transparente y hornear durante seis minutos a intensidad máxima.

Entretanto se corta el queso a dados. Sobre cada rodaja de berenjena se dispone media loncha de jamón, los dados de queso repartidos y unas hojitas de albahaca; salar ligeramente cada porción. Enrollar. Frotar con el diente de ajo y untar con algo de aceite el plato de cocción, que ha de poder ser llevado a la mesa.

Cortar cada berenjena por la mitad y disponerlas en el plato. Dejar cocer dos minutos a intensidad máxima. A continuación dejar reposar durante dos minutos. Rociar con un hilillo de aceite crudo y servir.

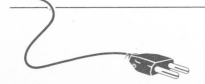

Zanahorias a la mejorana

Cocción: 6 minutos
Reposo: 1 minuto

Calorías por persona: 80
Recipiente aconsejado: bandeja

zanahorias tiernas, 600 g;
mantequilla, 30 g;
mejorana picada, 1 cucharadita;
sal.

Rascar las zanahorias, lavarlas y cortarlas a rodajitas muy finas. Colocarlas en la bandeja y mojarlas con un vaso de agua, salar ligeramente, espolvorear con la mejorana picada, tapar y cocer al horno durante seis minutos, dando de vez en cuando la vuelta al recipiente. A mitad de cocción añadir la mantequilla a pedacitos.

Dejar reposar un minuto antes de servir.

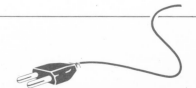

Hinojo al tomillo

Cocción: 3 minutos
Reposo: 1 minuto

Calorías por persona: 70
Recipiente aconsejado: bandeja

hinojo, 600 g;
mantequilla, 30 g;
tomillo picado y sal.

Cortar los hinojos a tajadas finas. Colocar el hinojo en un plato y mojarlo con un vaso de agua, salar muy ligeramente, espolvorear con el tomillo picado, tapar con la película y cocer durante tres minutos dando vuelta al recipiente por lo menos una vez.

Finalizada la cocción, añadir la mantequilla a pedacitos.

Acabado el tiempo de cocción, dejar reposar durante un minuto antes de servir.

Setas rellenas Costa Brava

Cocción: 6 minutos
Reposo: 2 minutos

Calorías por persona: 100
Recipiente aconsejado: bandeja

setas, 800 g;
un diente de ajo;
aceite extravirgen de oliva, 30 g;
perejil picado (abundante);
sal y pimienta negra.

Limpiar las setas con un paño y con un cuchillo, pero no es conveniente lavarlas. Separar el pie del sombrerillo. Triturar ligeramente los pies con el ajo y añadir el perejil. Disponer los sombreros con el hueco hacia arriba sobre una bandeja ligeramente untada, rellenar con el picadillo anterior, salpimentar ligeramente y rociar con un chorrito de aceite de oliva.

Hornear y dejar cocer durante seis minutos.

Dejar después reposar durante dos minutos.

Pastel de verduras

Cocción: 10 minutos
Reposo: 2 minutos

Calorías por persona: 180
Recipiente aconsejado: tartera de pyrex

cebollas, 200 g;
patatas, 300 g;
pimientos, 200 g;
calabacines, 300 g;
aceite extravirgen de oliva o mantequilla, 30 g;
queso rallado (facultativo);
sal y pimienta.

Limpiar y lavar las verduras, cortarlas a dados de aproximadamente dos centímetros de lado.

Untar ligeramente una tartera de pyrex, poner en ella las verduras, mezclar bien, salar ligeramente, añadir pimienta si se desea, cocer con recipiente tapado durante diez minutos.

Destapar y dejar reposar dos minutos, servir rectificando la sal y la pimienta. Si se desea puede espolvorearse con queso rallado.

Patatas al caviar

Cocción: 8 minutos
Reposo: 2 minutos

Calorías por persona: 300
Recipiente aconsejado: una servilleta de papel

patatas, 800 g;
mantequilla, 50 g;
caviar o sucedáneo, 4 cucharaditas;
sal.

Lavar las patatas, cepillarlas muy cuidadosamente y tras haberlas secado pinchar la piel con una aguja para que no estallen durante la cocción. Colocarlas sobre una servilleta de papel y llevarlas al horno durante ocho minutos, se les dará vuelta un par de veces mientras dure la cocción.

Recubrir con papel de estaño y dejar dos minutos en reposo.

Abrir lentamente el papel de estaño, sin separarlo y hacer una incisión en cruz en la parte más ancha de la patata. Sobre cada una se distribuye un poco de mantequilla, que se fundirá por efecto del calor. Se salan ligeramente y, por último, se añade a cada una una cucharadita de caviar. Servir las patatas colocándolas en una bandeja, sin suprimir el papel de estaño.

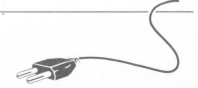

Patatas al romero

Cocción: 8 minutos
Reposo: 4 minutos

Calorías por persona: 250
Recipiente aconsejado: una servilleta de papel

cuatro patatas de igual tamaño;
romero, algunas ramitas;
mantequilla, 50 g;
sal.

Lavar y cepillar bien las patatas sin pelarlas. Pincharlas con un tenedor, haciendo algunos agujeros más profundos que los otros para poder introducir las agujas del romero. Colocar las patatas sobre una servilleta de papel y cocerlas en el horno microondas a intensidad máxima durante ocho minutos, dándoles un par de vueltas mientras dura la cocción.

Tapar con la película transparente y dejarlas reposar cuatro minutos. Pelar las patatas y sobre cada una distribuir un poco de mantequilla fresca que se fundirá por efecto del calor.

Pisto manchego

Cocción: 10 minutos
Reposo: 3 minutos

Calorías por persona: 110
Recipiente aconsejado: cazuela de barro

pimientos rojos y verdes, 800 g;
pulpa de tomate, 100 g;
una cebolla;
aceite extravirgen de oliva, 40 g;
sal y pimienta.

Lavar los pimientos, limpiarlos de semillas y filamentos y cortarlos a pedacitos.

En un recipiente de barro echar el aceite, añadir la cebolla finamente picada, los pimientos y la pulpa de tomate; salar ligeramente. Hornear durante cinco minutos, remover bien, tapar y dejar cocer a la máxima intensidad otros cinco minutos.

Dejar en reposo tres minutos y servir.

El pisto también puede usarse como condimento para cualquier pasta.

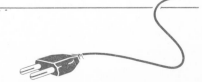

Tomates rellenos

Cocción: 6 minutos
Reposo: 2 minutos

Calorías por persona: 200
Recipiente aconsejado: un recipiente de vidrio de bordes altos

tomates maduros de tamaño mediano, 800 g;
pan rallado, 50 g;
queso rallado, 100 g;
aceite extravirgen de oliva, 25 g;
una cucharada de albahaca picada;
sal y pimienta.

Una vez bien lavados y secos cortar la parte superior de los tomates, que se reserva. Separar con una cucharilla la pulpa y, eventualmente eliminar las semillas.

En una vasija mezclar la pulpa con el pan rallado, el queso también rallado, la sal, la albahaca picada, el aceite y la sal. Rellenar los tomates con esta mezcla, salar ligeramente y, si se desea, añadir pimienta. Cerrarlos con la parte superior reservada y colocarlos en una bandeja llevándolos al horno durante seis minutos a intensidad máxima. Dejar reposar dos minutos. Servirlos tibios o fríos

159

Pastel de zanahorias y espinacas

Cocción: 25 minutos
Reposo: 3 minutos

Calorías por persona: 230
Recipiente aconsejado: molde en corona o *savarin*

espinacas, 900 g;
zanahorias, 400 g;
queso rallado, 80 g;
huevos, 2;
mantequilla, 20 g;
nuez moscada (facultativo) y sal.

Cocer las espinacas en un recipiente bajo y ancho con el agua retenida por las hojas tras un cuidadoso lavado. Pasarlos por la batidora eléctrica.

Rascar y lavar las zanahorias, cortarlas a pedacitos y cocerlas en muy poca agua fría. Pasarlas por la batidora.

Añadir el queso rallado a las dos cremas obtenidas, salar y, si se desea, añadir un poco de nuez moscada. Incorporar un huevo a cada una de las cremas. Untar con mantequilla un molde de capacidad de tres cuartos de litro, verter primero la crema de espinacas y luego la de zanahorias. Llevar al horno y cocer durante veinticinco minutos, dando la vuelta al molde de vez en cuando.

Dejar reposar tres minutos y desmoldar sobre una bandeja. Servir con pollo o conejo en salsa, o como primer plato con una salsa al queso.

Cazuela de calabacín

Cocción: 8 minutos
Reposo: 3 minutos

Calorías por persona: 150
Recipiente aconsejado: una cazuela cuadrada de vidrio

calabacines, 800 g;
seis huevos;
tomate pasado por pasapuré, 40 g;
mantequilla, una nuez;
aceite extravirgen de oliva, una cucharadita;
un diente de ajo;
perejil picado;
sal y pimienta.

Limpiar los calabacines y cortarlos en dados pequeñitos. Untar con aceite y mantequilla un recipiente de vidrio bajo y ancho, tras haberlo frotado con el diente de ajo. Llevar al recipiente los dados de calabacín y cocer seis minutos.

En recipiente aparte batir los huevos con el perejil, el puré de tomate y la sal.

Añadir a los calabacines la mezcla de huevo y mezclar bien. Cocer durante otros dos minutos, recordando mezclar a media cocción.

Ultimada la cocción dejar reposar durante tres minutos con el horno apagado.

Servir caliente o frío.

Esta receta también está muy indicada como entremés, y en ese caso resulta conveniente presentarlo cortado en cubitos. Como segundo es magnífico acompañante de platos a base de arroz o pescado.

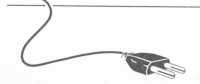

Cazuela de berenjenas

Cocción: 12 minutos
Reposo: 1 minuto

Calorías por persona: 180
Recipiente aconsejado: una bandeja

berenjenas redondas grandes, 2;
pulpa de tomate, 200 g;
mozzarella, 100 g;
aceite extravirgen de oliva, 40 g;
un diente de ajo;
unas hojitas de albahaca;
sal y pimienta.

Lavar las berenjenas y cortarlas a rodajas del grosor de medio centímetro. Agujerearlas con un tenedor.

Colocar las rodajas de berenjena sobre una hoja de película transparente y dejarlas cocer a intensidad máxima durante seis minutos. Dar vuelta a la película con las rodajas de berenjena y dejar cocer durante otros dos minutos.

Cortar la mozarrela en pedacitos.

En una bandeja ligeramente untada hacer capas de berenjena, mozzarella a pedacitos y tomate, ajo picado y albahaca también picada. Salar ligeramente cada una de las capas. Terminar con una capa de mozzarella con pedacitos de tomate. Tapar con la película y dejar cocer durante cuatro minutos. Destapar y dejar en reposo un minuto. Condimentar con un hilo de aceite crudo y servir.

Cazuela de berenjena y calabacín

Cocción: 10 minutos
Reposo: 1 minuto

Calorías por persona: 180
Recipiente aconsejado: una bandeja, a poder ser, rectangular

berenjena grande, 1 (o 2 pequeñas);
calabacines, 300 g;
pulpa de tomate, 200 g;
mozzarella, 100 g;
aceite extravirgen de oliva;
un diente de ajo;
unas hojitas de albahaca;
sal y pimienta.

Lavar las berenjenas y los calabacines, cortarlos en rodajas de medio centímetro. Agujerearlos con un tenedor.

Disponer las rodajas sobre una hoja de película transparente y cocer a intensidad máxima durante seis minutos.

Cortar la mozzarella en lonchas.

Dar la vuelta a las rodajas de verdura y dejar cocer a intensidad máxima durante dos minutos.

En una bandeja ligeramente untada se disponen capas alternas de berenjenas, mozzarella y calabacín, tomates partidos, ajo picado y hojas de albahaca salando ligeramente cada capa. Terminar con una capa de mozzarella y pedacitos de tomate. Tapar con película y cocer durante cuatro minutos más.

Destapar y dejar reposar un minuto. Condimentar con un hilo de aceite crudo y servir.

Cazuela de verduras a la albahaca

Cocción: 6 minutos
Reposo: 2 minutos

Calorías por persona: 180
Recipiente aconsejado: tartera de pyrex

cebollas, 200 g;
pimientos, 200 g;
calabacines, 300 g;
aceite extravirgen de oliva, 30 g (o mantequilla);
queso rallado, 30 g;
albahaca;
sal y pimienta.

Limpiar las verduras suprimiendo las partes incomestibles, cortarlas a dados de un par de centímetros de lado.

Untar ligeramente una tartera de pyrex, mezclar, salar ligeramente, añadir algo de pimienta y cocer durante seis minutos con el recipiente tapado.

Destapar, dejar reposar unos minutos y servir rectificando, si es preciso, la sal y la pimienta. Se puede espolvorear con queso rallado.

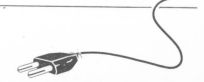

Calabacines con leche

Cocción: 4 minutos   **Calorías por persona: 80**
Reposo: 2 minutos   **Recipiente aconsejado: tartera de pyrex**

calabacines tiernos, 600 g;
leche, 150 g;
mantequilla, 10 g;
un diente de ajo;
perejil picado, una cucharadita;
sal.

Lavar y cortar los calabacines a rodajas. Restregar con el diente de ajo el recipiente de pyrex. Colocar las rodajas de calabacín, rociarlas con la leche, salar ligeramente y tapar la tartera. Cocer durante cuatro minutos dando vuelta de vez en cuando al recipiente.

Destapar, añadir la mantequilla y el perejil picado, mezclar y dejar reposar dos minutos antes de servir.

Repostería

También los budines y los dulces de cuchara dan buenos resultados preparados en el horno microondas. Precisan un espacio de tiempo infinitamente inferior respecto a la cocina tradicional. Además, en el microondas cuecen de forma uniforme, no deben mezclarse a continuación y no se agarran al recipiente.

Es aconsejable utilizar moldes de pyrex o porcelana de paredes altas y se ha de recordar siempre la necesidad de girar el recipiente a mitad de cocción. Esta operación no es necesaria si el horno se halla dotado de base giratoria.

Las tartas preparadas en el horno microondas no tienen la corteza dorada que presentan las cocidas en el horno tradicional; para obtenerla hay que recubrir la tarta con galletas pulverizadas o introducirla en el horno tradicional al final de la cocción.

Piña tropical al ron

Cocción: 2 minutos

Calorías por persona: 140
Recipiente aconsejado: bandeja

rodajas de piña, 4;
una cucharada de azúcar;
medio limón;
una cucharada de ron.

Disponer las rodajas de piña en la bandeja, verter por encima el zumo de medio limón y el azúcar. Cocerla en el horno microondas durante dos minutos.

Veter el ron y prenderle fuego. Servir inmediatamente.

Budín de almendrados

Cocción: 8 minutos
Reposo: 3 minutos

Calorías por persona: 200
Recipiente aconsejado: molde de vidrio

almendrados, 50 g;
leche, 400 g;
fécula, 30 g;
azúcar 70 g;
huevos, 3;
gelatina de pescado, 10 g.

Ablandar la gelatina de pescado en un poco de agua fría. Entretanto batir los huevos con el azúcar, añadir la fécula y diluir con la leche. Llevar al horno y dejar cocer durante ocho minutos a intensidad media, dándole vueltas con cuchara de madera un par de veces.

Añadir a continuación los almendrados picados y la gelatina a pedacitos menudos. Mezclar bien para que la gelatina quede totalmente disuelta.

Dejar reposar durante tres minutos. A continuación dejarlo enfriar totalmente antes de desmoldarlo y servirlo acompañado con nata montada.

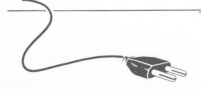

Budín de avellanas

Cocción: 7 minutos   **Calorías por persona: 200**
Reposo: 2 minutos   **Recipiente aconsejado: molde de vidrio**

avellanas picadas, 120 g;
azúcar, 100 g;
bizcochos, 30 g;
mantequilla, 50 g;
huevos, 5.

Untar ligeramente con mantequilla, un molde cuya capacidad sea de un litro. Trabajar la mantequilla con el azúcar hasta obtener una crema y añadir las yemas de huevo, una a una, sin echar otra hasta que la precedente haya sido absorbida. Agregar las avellanas picadas y los bizcochos hechos migajas.

Montar las claras a punto de nieve dura e incorporarlas a la mezcla anterior con un movimiento ascendente, de forma que el preparado resulte suave; verterlo en el molde.

Tapar con película, agujereándola para permitir la salida del vapor, y hornear durante siete minutos a intensidad media, dando un par de veces la vuelta al recipiente.

Dejar reposar un par de minutos; cuando se haya solidificado, desmoldar. Se sirve acompañado de chocolate caliente.

Crema de cítricos

Cocción: 2 minutos
Reposo: 1 minuto

Calorías por persona: 200
Recipiente aconsejado: de vidrio

zumo de cítricos mezclados, 200 g;
leche, 200 g;
huevos, 3;
cáscara de cítricos rallada;
azúcar, 70 g;
fécula de patata, 25 g.

En un recipiente de vidrio batir las yemas con el azúcar. Añadir la fécula y mezclar. Escaldar la cáscara rallada con la leche y filtrar a continuación. Añadir al batido de huevos el zumo de los agrios, sin dejar de mezclar la leche caliente. Tapar el recipiente con película y cocer durante dos minutos. Dejar reposar y enfriar.

Montar las claras a punto de nieve e incorporarlas a la crema, de abajo hacia arriba para que la mezcla sea suave.

Llevarlo al frigorífico hasta el mismo momento de servir.

Crema de café

Cocción: 4 minutos
Reposo: 3 minutos

Calorías por persona: 200
Recipiente aconsejado: tartera de pyrex

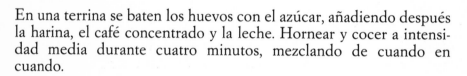

leche, 400 g;
café concentrado, 30 g;
azúcar, 80 g;
huevos, 3;
harina blanca, 30 g;
chocolate deshecho, 30 g.

En una terrina se baten los huevos con el azúcar, añadiendo después la harina, el café concentrado y la leche. Hornear y cocer a intensidad media durante cuatro minutos, mezclando de cuando en cuando.

Dejar reposar durante tres minutos y añadir a continuación el chocolate desmenuzado.

Servir la crema en copas, adornándola con nata montada.

Crema de chocolate

Cocción: 4 minutos
Reposo: 2 minutos

Calorías por persona: 200
Recipiente aconsejado: tartera de pyrex

leche, 500 g;
harina blanca, 40 g;
azúcar, 80 g;
cacao dulce, 30 g;
huevos, 3;
un sobre de vainilla;
mantequilla, una nuez.

Batir directamente en la tartera de pyrex los huevos con el azúcar, añadiendo a continuación la harina y mezclar bien. Añadir el cacao, después la vainilla y diluir con la leche. Cocer durante cuatro minutos a intensidad media, mezclando de vez en cuando.

Cuando la cocción haya concluido se añade la nuez de mantequilla y se deja reposar dos minutos.

Servir la crema muy fría.

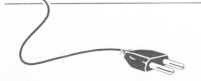

Crema de anís

Cocción: 2 minutos
Reposo: 1 minuto

Calorías por persona: 200
**Recipiente aconsejado: tartera de vidrio, baja
y ancha**

huevos, 3;
almidón de maíz o fécula, una cucharadita;
azúcar, 70 g;
leche, 400 g;
unas gotas de esencia de anís.

En una tartera de vidrio baja y ancha, batir los huevos con el azúcar hasta la total disolución de este último. Añadir al almidón de maíz y a continuación diluir en la leche caliente. Aromatizar con la esencia de anís y llevar al horno durante dos minutos.

Dejar reposar un minuto esta crema, muy apta para el relleno de tartas.

Crema a la vainilla

Cocción: 6 minutos
Reposo: 3 minutos

Calorías por persona: 200
Recipiente aconsejado: una tartera de pyrex

leche, 400 g;
azúcar, 80 g;
huevos, 3;
harina blanca, 50 g;
un sobrecito de vainilla.

En una terrina batir los huevos con el azúcar, añadir la harina, la leche y el sobrecito de vainilla. Llevar al horno microondas y cocer a intensidad media durante los seis minutos indicados, mezclando de vez en cuando.

Dejar reposar tres minutos.

Servir la crema en copas, adornándola con nata montada.

175

Delicias de otoño

Cocción: 12 minutos
Reposo: 2 minutos

Calorías por persona: 200
Recipiente aconsejado: bandeja de pyrex

manzanas golden, 400 g;
peras kaiser, 300 g;
piñones, 20 g;
pasas, 30 g;
leche, 100 g;
azúcar de lustre, 70 g;
un limón;
harina, 60 g.

En una bandeja de pyrex ligeramente untada se dispone la fruta cortada a pedazos no demasiado pequeños. Llevar al microondas durante seis minutos a intensidad máxima.

Entretanto se baten los huevos con el azúcar, se añade la harina y la corteza del limón rallada.

Apartar la fruta del horno y esparcir sobre ella las pasas, previamente reblandecidas y los piñones, y verter el batido de huevo. Tapar con película.

Poner la bandeja al horno durante otros seis minutos y dejar resposar dos minutos más.

Servir el dulce frío, después de haberlo espolvoreado con azúcar de lustre.

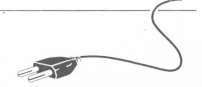

Mermelada de frutas silvestres

Cocción: 15 minutos

Calorías por persona: 200
Recipiente aconsejado: tartera de pyrex

fruta silvestre variada, 450 g;
azúcar, 230 g;
zumo de medio limón.

Lavar cuidadosamente las frutas silvestres al chorro de agua fría y pelarlas en caso necesario.

Colocar la fruta en un recipiente bajo y ancho, espolvorear con el azúcar y añadir el zumo de limón. Tapar con película transparente. Cocer a intensidad media durante quince minutos recordando que debe mezclarse de vez en cuando.

Dejar reposar y pasarlo por la batidora.

Verter el preparado aún caliente en los recipientes de cierre hermético, que a continuación se han de esterilizar.

Salsa de chocolate

Cocción: 4 minutos
Reposo: 1 minuto

Calorías por persona: 150
Recipiente aconsejado: una jarra de vidrio

chocolate, 100 g;
nata, 50 g;
agua, 2 cucharadas.

Poner en la jarra las cucharadas de agua y el chocolate partido a pedacitos. Llevar al horno a intensidad media durante cuatro minutos.

Añadir la nata y dejar reposar un minuto. Mezclar y servir.

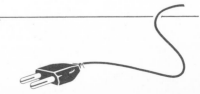

Salsa de frambuesas

Cocción: 2 minutos
Reposo: 1 minuto

Calorías por persona: 150
Recipiente aconsejado: tartera de vidrio baja y ancha

frambuesas, 400 g;
azúcar, 60 g;
unas gotas de limón;
una cucharada de licor de naranja.

Lavar rápidamente las frambuesas al chorro de agua fría, suprimir los rabillos y echarlas en un recipiente bajo y ancho, espolvorear con el azúcar, añadir el zumo de limón y el licor de naranja, llevar al horno y mantener la cocción durante dos minutos.

Dejar reposar un minuto y a continuación pasar el producto por la batidora, eliminar las semillas y dejar enfriar antes de servir.

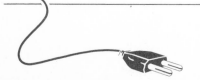

Salsa de castañas

Cocción: 2 minutos
Reposo: 1 minuto

Calorías por persona: 200
Recipiente aconsejado: una jarra de vidrio

puré de castañas, 400 g;
azúcar, 100 g;
nata, 150 g;
chocolate, 30 g;
brandy, 30 g.

Colocar el chocolate cortado a pedacitos en la jarra con el puré de castañas y el brandy, y cocer a la máxima intensidad durante dos minutos.

Añadir el azúcar y mezclar.

Dejar reposar durante un minuto, añadir la nata, volver a mezclar. Servir esta salsa fría o caliente, según se desee.

Soufflé de melocotón

Cocción: 3 minutos
Reposo: 2 minutos

Calorías por persona: 100
Recipiente aconsejado: cuatro moldes pequeños de vidrio o cerámica

pulpa de melocotón amarillo, 400 g;
bizcochos desmigados, 50 g;
azúcar molido, 70 g;
claras de huevo, 2.

Pasar la pulpa de los melocotones con los bizcochos desmigados para obtener un producto perfectamente homogéneo. Añadir el azúcar y mezclar bien.

Montar a punto de nieve dura las claras e incorporarlas delicadamente al batido anterior, cuidando de que no se desmonten. Echar la mezcla obtenida en cuatro moldes ligeramente untados con mantequilla y cocer durante tres minutos a intensidad máxima, dando vuelta a los moldecillos un par de veces durante la cocción.

Dejar reposar durante dos minutos y servirlos desmoldados, acompañados de la salsa de frambuesas.

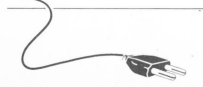

Fruta

En el horno microondas puede cocerse cualquier tipo de fruta sin adición de líquidos, porque la rapidez de la cocción evita la dispersión manteniendo todos los principios nutritivos. De esta forma quedan salvaguardadas las vitaminas y se conservan el sabor y el aroma natural. Las frutas mantienen su color inalterado, satisfaciendo en esta forma la vista además del paladar.

La fruta puede ser llevada al horno entera o a pedazos; para obtener una cocción uniforme, todos los pedazos deben de ser de un tamaño semejante.

Un detalle que conviene recordar es el de la disposición de los pedazos de fruta en la tartera: siempre en forma de corona y dejando un hueco en la parte central y algo de espacio entre los trozos de fruta.

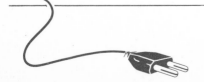

Albaricoques rellenos

Cocción: 3 minutos

Calorías por persona: 200
Recipiente aconsejado: bandeja de pyrex

albaricoques, 8;
mantequilla, 40 g;
almendrucos no demasiado grandes, 6;
un chorrito de ron.

Lavar y secar los albaricoques. Practicar algunos agujeros en la piel con un palillo para evitar que estallen durante la cocción. Dividirlos por la mitad, suprimiendo el hueso.

En un tazón trabajar la mantequilla con los almendrucos triturados y unas gotas de ron.

Disponer las mitades de albaricoque en una bandeja de pyrex y colocar la mantequilla preparada en el centro del albaricoque.

Cocer en el horno microondas durante tres minutos. Servir tibios con salsa de limón.

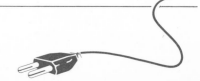

Plátanos al ron

Cocción: 4 minutos

Calorías por persona: 140
Recipiente aconsejado: bandeja

plátanos, 2;
una cucharadita de azúcar;
medio limón;
un chorrito de ron;
una cucharada de semilla de sésamo.

Disponer los plátanos cortados en sentido longitudinal en una bandeja. Rociarlos con el zumo de limón y espolvorearlos con el azúcar.

Cocer en el horno microondas durante cuatro minutos. Recubrir entonces con las semillas de sésamo y rociar con ron. Servir inmediatamente.

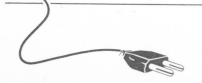

Cerezas al Oporto

Cocción: 3 minutos

Calorías por persona: 100
Recipiente aconsejado: una ensaladera de vidrio

cerezas, 400 g;
zumo de limón;
un pellizco de canela;
una copita de Oporto.

Suprimir el hueso de las cerezas con el aparato conveniente, llevarlas a la ensaladera y rociarlas con el zumo de un limón y la copa de vino de Oporto; añadir la canela. Cocer en recipiente tapado durante tres minutos.

Dejar enfriar en el frigorífico.

Servir con helado de vainilla o de limón, o adornar con ricitos de nata montada.

Delicias flambeadas

Cocción: 3 minutos

Calorías por persona: 100
Recipiente aconsejado: bandeja

piña, 4 rodajas;
una manzana algo grande;
una cucharadita de azúcar y una de coñac;
cerezas en almíbar, 8.

Pelar las manzanas y con el aparato adecuado quitarle el corazón. Cortarla en cuatro pedazos. Disponer las rodajas de piña y los cuartos de manzana en una bandeja. Cocer durante tres minutos, espolvorear con el azúcar, mojar con coñac y encender la llama.

Adornar el plato antes de prender fuego con cerezas en almíbar, colocándolas en el centro de cada pedazo de fruta.

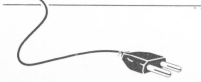

Higos al moscatel

Cocción: 3 minutos

Calorías por persona: 100
Recipiente aconsejado: una fuente algo honda.

higos negros, 400 g;
vino moscatel, 50 g;
un limón;
nueces frescas, 10.

Pelar los higos, cortarlos por la mitad y disponerlos en una bandeja algo honda. Bañar cada medio higo en una cucharada de vino moscatel y una gota de limón.

Escaldar las nueces en agua hirviente para poder eliminar la pielecita que las recubre.

Poner encima de cada higo la nuez perfectamente pelada. Tapar el plato con la película transparente y dejar cocer al horno durante tres minutos.

Macedonia al Grand Marnier

Cocción: 3 minutos

Calorías por persona: 100
Recipiente aconsejado: una bandeja honda

manzanas, 100 g;
peras, 100 g;
melocotones, 100 g;
higos, 100 g;
ciruelas, 100 g;
albaricoques, 50 g;
azúcar, 30 g;
una copita de Grand Marnier.

Limpiar y lavar la fruta, pelarla y cortarla a pedacitos. Disponer los pedazos en una bandeja, espolvorearlos con el azúcar y mojarlos con la copita de Grand Marnier. Mezclar bien. Dejarlo en el microondas durante tres minutos.

Mezclar y servir la macedonia tibia, acompañándola con helado de crema.

Manzanas reinetas
con azúcar de caña

Cocción: 8 minutos

Calorías por persona: 180
Recipiente aconsejado: bandeja

manzanas reinetas, 4;
mantequilla, 40 g;
azúcar de caña, 30 g;
pasas, 30 g.

Lavar las manzanas, secarlas y con el aparato adecuado suprimir el corazón; no pelarlas pero sí practicar algunas incisiones en la piel para evitar que se abran durante la cocción.

En un tazón trabajar la mantequilla con el azúcar de caña y las pasas, previamente ablandadas en agua tibia. Rellenar la parte interior de las manzanas con la mezcla.

Disponer las manzanas sobre una bandeja pequeña o un recipiente bastante reducido. Llevar al horno y cocer durante ocho minutos. Servirlas aún tibias.

Peras con miel y piñones

Cocción: 10 minutos

Calorías por persona: 150
Recipiente aconsejado: tartera de vidrio

peras kaiser, 4;
mantequilla, 30 g;
miel, 20 g;
piñones, 30 g;
tartaletas de hojaldre del diámetro de las peras, 4.

Lavar las peras y con el aparato adecuado quitarles el corazón sin arrancar el rabito, que se ha de conservar. Sin pelarlas, practicar en la piel unas cuantas incisiones para evitar que se abran durante la cocción.

Trabajar la mantequilla y la miel junto con los piñones, y rellenar con esta mezcla el interior vaciado de las peras.

Colocar las peras en una bandeja de vidrio de tamaño pequeño. Llevar al horno y cocer durante diez minutos.

Servirlas tibias, colocadas sobre una tartaleta de hojaldre.

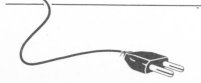

Peras al vino

Cocción: 6 minutos

Calorías por persona: 100
Recipiente aconsejado: tartera de vidrio de tamaño reducido

peras kaiser pequeñas, 400 g;
un vaso de vino tinto seco de 12 °-15°;
un limón y un pellizco de canela en polvo.

Lavar las peras y partirlas por la mitad, sin pelarlas pero practicando incisiones en la piel para evitar que se rompan en la cocción. Mojar cada mitad con zumo de limón y a continuación con el vino. Espolvorear con algo de canela en polvo.

Colocarlas en una tartera de vidrio de tamaño reducido y cubrir con película transparente o una hoja de papel. Cocer durante seis minutos.

Servirlas calientes, acompañadas con una crema inglesa fría del mismo vino.

Melocotones exóticos

Cocción: 3 minutos

Calorías por persona: 200
Recipiente aconsejado: tartera de pyrex

melocotones amarillos medianos, 4;
mantequilla, 20 g;
coco rallado, 40 g;
una cucharada de ron;
algunas virutas de chocolate.

Lavar y secar los melocotones. Hacer algunos orificios con un palillo para evitar que se rompan durante la cocción. Partirlos por la mitad suprimiendo el hueso.

En un tazón trabajar la mantequilla con el coco y algunas cucharadas de ron.

Colocar los melocotones en una bandeja de pyrex y distribuir el relleno en cada uno de los huecos. Cocer en el horno durante tres minutos.

Servirlos tibios, espolvoreando por encima algunas virutas de chocolate.

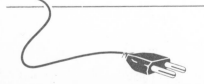

Salsas

Con el horno microondas se pueden preparar en escasímo tiempo salsas muy sabrosas y aromáticas. Especialmente apetitosas resultan las preparadas con verduras o frutas, que mantienen sus colores y sabores naturales.

Es conveniente que la cocción de las salsas se efectúe en recipientes anchos y bajos y, especialmente desprovistos de tapadera para favorecer la rapidez en la evaporación.

Se ha de salar ligeramente al principio de la cocción para que las verduras pierdan rápidamente la mayor cantidad de agua posible.

Crema de alcaparras

Cocción: 3 minutos
Reposo: 1 minuto

Calorías por persona: 100
Recipiente aconsejado: un vaso, incluso de papel

alcaparras, 50 g;
aceite extravirgen de oliva, 50 g;
un diente de ajo;
un manojo de perejil;
un filete de anchoa muy pequeño (o bien una punta de pasta de
*   anchoa);*
dos cucharadas de agua y sal.

Pasar por la batidora las alcaparras con el perejil y el ajo sin el germen y añadir el filete de anchoa. Diluir en el agua y añadir el aceite. Llevarlo todo a un vaso y dejar cocer tres minutos.

Dejar reposar un minuto y servir para acompañar las carnes hervidas.

Crema de atún

Cocción: 3 minutos
Reposo: 2 minutos

Calorías por persona: 150
Recipiente aconsejado: un tazón de vidrio

atún en aceite, 100 g;
leche, 50 g;
un diente de ajo;
aceite, 20 g;
perejil picado, 1 cucharada;
dos cucharadas de agua y sal.

En el tazón untado con ajo poner el atún, la leche, el aceite y el agua. Dejar cocer en el horno microondas durante tres minutos. Dejar reposar dos minutos. Añadir el perejil. Pasarlo todo por la batidora. Rectificar de sal.

Salsa muy indicada para carnes hervidas, pechugas de pollo o espaguetis.

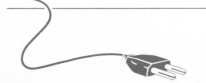

197

Salsa caliente de olivas

Cocción: 3 minutos
Reposo: 1 minuto

Calorías por persona: 100
Recipiente aconsejado: un vaso, incluso de papel

aceitunas negras, 30 g;
tomate fresco o puré de tomate, 30 g;
aceite extravirgen de oliva, 50 g;
una ramita de orégano;
dos cucharadas de agua y sal.

Después de haber deshuesado las aceitunas, se pasan por la batidora con el orégano y el tomate. Diluir en agua y añadir el aceite. Volver a batir y salar. Dejar cocer en el horno microondas durante tres minutos.

Dejar reposar durante un minuto.

Salsa muy indicada para acompañar pescados o carnes hervidas.

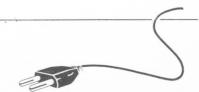

Salsa de pimiento a la siciliana

Cocción: 5 minutos
Reposo: 2 minutos

Calorías por persona: 150
Recipiente aconsejado: plato hondo

pimientos de color variado, preferentemente rojos y verdes;
un diente de ajo;
una cucharada de alcaparras;
aceite extravirgen de oliva, 30 g;
una hojita de albahaca y sal.

Lavar y limpiar los pimientos de filamentos y semillas. Cortarlos a tiras muy finas.

Frotar el diente de ajo en el recipiente de cocción, echar el aceite y las tiras de pimiento. Salar ligeramente. Cocer en el horno microondas, recordando que se debe mezclar por lo menos una vez.

Dejar reposar durante dos minutos. Añadir la albahaca triturada y las alcaparras.

Salsa óptima para acompañar las carnes asadas o hervidas y las pastas secas.

Salsa de pimientos amarillos

Cocción: 5 minutos   **Calorías por persona: 150**
Reposo: 2 minutos   **Recipiente aconsejado: terrina de vidrio**

pimientos amarillos, 500 g;
una cebolla pequeña;
mantequilla, 20 g;
nata, 30 g;
sal.

Lavar y cortar a pedacitos los pimientos y la cebolla. Disponerlos en una terrina de vidrio. Añadir la nuez de mantequilla y un poquito de sal. Dejar cocer con el recipiente tapado durante cinco minutos.

Dejar en reposo durante dos minutos, mezclar, rectificar de sal y añadir la nata. Batir el preparado.

Esta salsa se sirve caliente, acompañando a pescados o pollo hervido.

Salsa de tomate

Cocción: 3 minutos
Reposo: 2 minutos

Calorías por persona: 70
Recipiente aconsejado: una terrina de vidrio

tomates, 500 g;
algunas hojitas de albahaca;
una cucharadita de aceite,
sal y pimienta.

En una terrina de vidrio baja y ancha se disponen los tomates cortados a pedacitos con las hojas de albahaca lavadas y cortadas, el
aceite y un poco de sal. Cocer durante tres minutos. Dejar reposar
dos minutos.

Pasarlo por la batidora y, si se desea, añadir pimienta. Servirla
con un hilo de aceite crudo.

Salsa excelente para pastas y pastel de verduras, especialmente
durante la estación calurosa.

Bebidas

El horno microondas es muy práctico para preparar y, especialmente para calentar las bebidas. Se ha de recordar que con un recipiente ligero el líquido se calentará mucho antes. Tiene por lo tanto gran importancia el tipo de contenedor que se utilice.

En el horno microondas se puede calentar, de forma muy higiénica y rápida, el biberón de un recién nacido: en unos treinta segundos se podrá calmar el hambre del pequeño.

Para abreviar el tiempo necesario para calentar el café, el té, la manzanilla, etc., conviene utilizar vasos o tazas individuales.

Para la preparación de las bebidas es conveniente emplear agua caliente, para poder reducir aún más los tiempos. Las recetas que se dan a continuación se prepararán con agua caliente.

Bebida de cerezas

Cocción: 2 minutos
Reposo: 1 minuto

Calorías por persona: 50
Recipiente aconsejado: una jarra de vidrio

cerezas, 100 g;
una corteza de limón;
azúcar, 60 g.

Lavar las cerezas y quitarles el hueso y el pedúnculo, llevarlas a la jarra con el azúcar y la corteza de limón rallada muy finamente, añadir un vaso de agua y llevar al microondas durante dos minutos a intensidad máxima.

Dejar reposar un minuto, filtrar y dejar enfriar.

Diluir con más agua y servir en vasos bajos, muy frío.

Limonada invernal

Cocción: 2 minutos
Reposo: 1 minuto

Calorías por persona: 30
Recipiente aconsejado: cuatro vasos de vidrio

limones, 2;
azúcar, 50 g.

Poner en cada vaso el zumo y la corteza de medio limón; añadir algo de azúcar y acabar de llenar con agua. Llevar los recipientes al horno microondas y dejar cocer dos minutos a intensidad máxima, girándolos una vez.

Dejar reposar un minuto y servir muy caliente.

Té a la fresa

Cocción: 2 minutos　　**Calorías por persona: 30**
Reposo: 1 minuto　　**Recipiente aconsejado: una jarra de vidrio**

fresas, 200 g;
limón, 1;
azúcar, 50 g;
dos sobres de té y hojas de menta.

En una jarra de vidrio se vierte el azúcar, el zumo de limón y un vaso de agua.

Cocer a la intensidad máxima durante dos minutos. Añadir a continuación las fresas y los sobrecitos de té y dejar reposar un minuto.

Eliminar las bolsitas, batir eléctricamente y añadir agua hasta completar un litro.

Dejar enfriar y servir con hojas de menta.

Chocolate

Cocción: 3 minutos
Reposo: 1 minuto

Calorías por persona: 150
Recipiente aconsejado: tazas

fécula de patata, 10 g;
cacao soluble, 40 g;
azúcar, 60 g;
leche, 500 g.

Añadir en una terrina la fécula con el azúcar y el cacao, añadiendo poco a poco la leche.

Distribuir la bebida en las tazas, llevarlas al microondas durante tres minutos girándolas de vez en cuando.

Dejar reposar un minuto y servir a continuación, eventualmente acompañado de nata montada.

Cocktail perfumado

Cocción: 2 minutos
Reposo: 1 minuto

Calorías por persona: 200
Recipiente aconsejado: un jarro de vidrio.

dos cortezas de limón y una de naranja;
agua de seltz;
azúcar, 50 g;
un vaso de agua.

En la jarra de vidrio se ponen las cortezas de naranja y limón muy finamente trituradas y el azúcar. Se añade un vaso de agua y se cuece durante dos minutos a intensidad máxima. Se deja reposar un minuto y se filtra.

Se deja enfriar y se sirve con seltz.

Grog al ron

Cocción: 3 minutos
Reposo: 1 minuto

Calorías por persona: 100
Recipiente aconsejado: vasos de vidrio

una corteza de limón;
un vaso de ron;
azúcar, 50 g.

Echar en cada vaso un poco de ron, añadir algo de corteza de limón y azúcar. Completar con agua y cocer a la máxima intensidad durante tres minutos.

Mezclar, dejar reposar durante un minuto y servir inmediatamente.

Irish Coffee

Cocción: 1 minuto
Reposo: 1 minuto

Calorías por persona: 100
Recipiente aconsejado: un vaso

café concentrado;
azúcar, 50 g;
whisky, 2 copas;
nata ligeramente montada, 100 g.

Echar en cada vaso el café, añadir el azúcar y un poco de whisky. Cocer a la máxima temperatura en el microondas durante un minuto.

Dejar reposar otro minuto; adornar con la nata montada, añadiéndola delicadamente de forma que permanezca sobre el líquido sin mezclarse. Servir inmediatamente.

Té al perfume del bosque

Cocción: 2 minutos
Reposo: 2 minutos

Calorías por persona: 30
Recipiente aconsejado: vidrio

té a la naranja, 2 cucharaditas;
frambuesas, 100 g;
arándanos, 100 g;
grosellas rojas, 100 g;
fresas silvestres, 100 g;
azúcar molido, 100 g;
un limón y un vaso de agua.

En un recipiente de vidrio bajo y ancho se dispone la fruta lavada, la corteza y el zumo del limón, el azúcar y un vaso de agua; cocer durante dos minutos. Transcurrido este tiempo se añaden las cucharaditas de té y se deja reposar durante dos minutos.

Se filtra y se añade agua hasta completar un litro. Se conserva en el frigorífico hasta el momento de servir.

Productos congelados

El horno microondas, electrodoméstico básico en una cocina moderna, halla su justo e indicado complemento en los productos congelados: no sólo las verduras, sino también en pescados, pollos y pavos.

Tostadas de pescado

Cocción: 5 minutos
Reposo: 1

Calorías por persona: 150

filetes de lenguado congelados, 300 g;
aceite extravirgen de oliva, 40 g;
media cebolla;
media cucharada de tomate;
una hoja de laurel;
rebanadas de pan francés, 4.

Se calienta en una sartén el aceite y se añade la cebolla cortada a finísimas rodajas, los filetes a pedacitos sin descongelarlos previamente. Añadir la hoja de laurel y mantenerlo a fuego muy lento durante 3-4 minutos.

Salar poquísimo, añadir el tomate y quitar la hoja de laurel. Pasarlo todo por la batidora hasta obtener una crema homogénea. Extender la crema sobre las rebanadas de pan y llevarlas al horno microondas durante un minuto.

Dejar reposar otro minuto antes de servir.

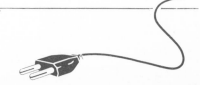

Tostadas de espinacas a la almendra

Cocción: 5 minutos
Reposo: 1 minuto

Calorías por persona: 150
Recipiente aconsejado: bandeja

espinacas congeladas, 300 g;
queso rallado, 70 g;
huevos, 2;
mantequilla, 30 g;
una cucharada de almendras picadas;
rebanadas de pan inglés, 8.

Descongelar las espinacas durante dos minutos a intensidad máxima, romperlas y pasarlas por la batidora; añadir el queso rallado y salar ligeramente.

Incorporar los huevos y mezclar muy bien; rectificar la sal.

Untar con abundante mantequilla las rebanadas de pan y extender sobre ellas el preparado de espinacas. Espolvorear con la almendra picada. Disponer en una bandeja. Llevar al horno y dar un par de vueltas al recipiente mientras transcurren los dos minutos de cocción.

Dejar reposar un minuto. Servir caliente.

Ensalada tibia de gambas
a las hierbas

Cocción: 3 minutos
Reposo: 1 minuto

Calorías por persona: 150
Recipiente aconsejado: bandeja

gambas, 100 g;
pollo hervido, 100 g;
emmental, 50 g;
aceite extravirgen de oliva, 30 g;
un manojito de cebollón (hierba);
sal y pimienta.

Cortar el pollo y el emmental a tiritas finas. Descongelar las gambas durante dos minutos a intensidad máxima. En una terrina emulsionar el aceite con la sal y la pimienta. Añadir las gambas, el pollo y las hierbas cortadas a tiras y condimentar con el aceite salpimentado. Llevar al horno microondas y cocer durante tres minutos. Dejar reposar un minuto.

Servir inmediatamente disponiendo el queso por encima.

Pistones verdes

Cocción: 1 minuto
Reposo: 1 minuto

Calorías por persona: 400
Recipiente aconsejado: ensaladera de barro

pistones gruesos, 400 g;
queso cremoso, 200 g;
espinacas congeladas cocidas, 200 g;
mantequilla;
una nuez pequeña;
sal y pimienta.

En una ensaladera de barro ancha colocar el queso con unas cucharadas de agua caliente e incorporar, sin dejar de mezclar, la mantequilla, la sal, la pimienta y las espinacas pasadas por la batidora. Se obtendrá una crema suave. Cocer en el microondas durante un minuto y a continuación dejar reposar otro minuto.

Cocer los pistones en abundante agua salada, escurrirlos cuando se hallen *al dente* y llevarlos a la ensaladera donde está la crema verde.

Mezclar bien y en el momento de servir añadir pimienta recién molida.

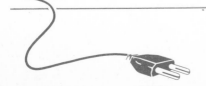

Fondos de alcachofa al queso

Cocción: 3 minutos
Reposo: 2 minutos

Calorías por persona: 200
**Recipiente aconsejado: bandeja de vidrio
o cerámica**

fondos de alcachofa congelados, 8;
queso rallado, 50 g;
perejil picado;
un huevo y sal.

Descongelar los fondos de alcachofa durante un minuto a intensidad máxima y disponerlos en la bandeja.

En un tazón mezclar los ingredientes restantes con un goteado de nata, salar ligeramente y rellenar los fondos. Cocer durante cinco minutos recubriendo el recipiente con película transparente.

Una vez finalizada la cocción, mantener los fondos de alcachofa en el horno apagado durante dos minutos.

Servir directamente en la bandeja adornada con manojitos de perejil u hojas de ensalada.

Rodajas de merluza a las hierbas

Cocción: 4 minutos
Reposo: 2 minutos

Calorías por persona: 230
Recipiente aconsejado: bandeja de pyrex

rodajas de merluza congelada, 600 g;
aceite extravirgen de oliva, 30 g;
una ramita de romero;
tomillo;
sal y pimienta.

En una bandeja de pyrex de borde alto ligeramente untada con el aceite disponer la merluza en una sola capa, salar ligeramente, tapar con la película y llevar al horno durante cuatro minutos a intensidad máxima.

Pasado este tiempo, añadir las hierbas trituradas y dejar reposar durante un par de minutos.

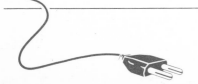

Gambas a la ruca

Cocción: 2 minutos
Reposo: 1 minuto

Calorías por persona: 150
Recipiente aconsejado: bandeja

gambas congeladas, 250 g;
aceite extravirgen de oliva, 20 g;
un manojito de ruca;
sal y pimienta.

Llevar las gambas congeladas, dispuestas sobre una bandeja recubierta por película transparente, al microondas, cociendo durante dos minutos. Destapar.

Añadir un poco de aceite de oliva, salar ligeramente y dejar reposar durante un minuto.

Servir recubriendo las gambas con la hierba cortada en tiritas finas.

Pescadilla a la naranja

Cocción: 7 minutos
Reposo: 1 minuto

Calorías por persona: 200
Recipiente aconsejado: bandeja de pyrex

pescadillas congeladas limpias, 700 g;
aceite extravirgen de oliva, 40 g;
el zumo de media naranja;
una cucharada de perejil picado;
sal y pimienta.

Lavar y secar las pescadillas. Llevarlas a una bandeja de pyrex no excesivamente grande y untarlas ligeramente con aceite.

Llevar a la batidora el perejil, el zumo de naranja y el aceite restante, sal y pimienta. Verter esta salsita sobre las pescadillas, tapar con la película y cocer a intensidad máxima durante siete minutos.

Dejar reposar un minuto como mínimo y servir inmediatamente.

Atún al cartucho

Cocción: 4 minutos
Reposo: 1 minuto

Calorías por persona: 200
Recipiente aconsejado: papel oleoso

atún en cuatro piezas de unos 800 g en total;
aceite extravirgen de oliva, 30 g;
un diente de ajo;
alcaparras picadas;
aceitunas picadas;
sal y pimienta.

Lavar y secar los cortes de atún; disponerlos sobre una hoja de papel oleoso. Añadir el aceite, el diente de ajo sin el germen, las alcaparras y las aceitunas, salar y, si se desea, añadir pimienta. Cerrar el papel sin apretarlo excesivamente y llevarlo al horno durante cuatro minutos a intensidad máxima, dando vuelta un par de veces al cartucho para que la cocción resulte uniforme.

Dejar reposar durante un minuto y servir, abriendo el cartucho cuando ya se haya llevado a la mesa.

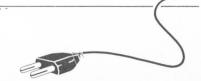